BENJAMIN ZEPHANIAH

DIS POETRY

Benjamin Zephaniah (1958–2023) was a writer and performer of extraordinary range: an oral poet, novelist, playwright, children's writer, reggae artist, actor, television personality and political activist. Born in Birmingham, he grew up in Handsworth, where he was sent to an approved school for being uncontrollable, rebellious and 'a born failure', ending up in jail for burglary and affray.

After prison he turned from crime to music and poetry. In 1989 he was nominated for Oxford Professor of Poetry, and he received honorary doctorates from several English universities, but famously refused to accept a nomination for an OBE in 2003. He was voted Britain's third favourite poet of all time (after T.S. Eliot and John Donne) in a BBC poll in 2009. In 2011 he was poet-in-residence at Keats House in 2011, and then made a radical career change by taking up his first ever academic position as a chair in Creative Writing at Brunel University in West London.

He appeared in a number of television programmes, including *Peaky Blinders, Eastenders, The Bill, Live and Kicking, Blue Peter* and *Wise Up*, and played Gower in a BBC Radio 3 production of Shakespeare's *Pericles* in 2005.

Best known for his performance poetry with a political edge for adults – and his poetry with attitude for children – he had his own rap/reggae band. He produced numerous recordings, including *Dub Ranting* (1982), *Rasta* (1983), *Us An Dem* (1990), *Back to Roots* (1995), *Belly of de Beast* (1996), *Naked* (2004), *Naked & Mixed Up* (2006) and *Revolutionary Minds* (2017).

His first book of poems, *Pen Rhythm*, was produced in 1980 by a small East London publishing cooperative, Page One Books. His second collection, *The Dread Affair*, was published by Hutchinson's short-lived Arena imprint in 1985. He published three collections with Bloodaxe, *City Psalms* (1992), *Propa Propaganda* (1996) and *Too Black, Too Strong* (2001), the latter including poems written while working with Michael Mansfield QC and other Tooks barristers on the Stephen Lawrence case. His DVD-book *To Do Wid Me: Benjamin Zephaniah live and direct* (filmed by Pamela Robertson-Pearce) followed from Bloodaxe in 2013. His posthumous retrospective *Dis Poetry* (Bloodaxe Books, 2025) brings together all the poems from *City Psalms*, *Propa Propaganda* and *Too Black, Too Strong*, as well as a selection from *The Dread Affair*, along with previously unpublished work and lyrics from various recordings.

His other titles include his poetry books for children, *Talking Turkeys* (1994), *Funky Chickens* (1996) and *Wicked World* (2000), all from Puffin/Penguin; his novels for teenagers, *Face* (1999), *Refugee Boy* (2001), *Gangsta Rap* (2004), *Teacher's Dead* (2007) and *Terror Kid* (2014), all from Bloomsbury, and *Windrush Child* (2020) from Scholastic; the illustrated children's books *We Are Britain* (2003), *J Is for Jamaica* (2006) and *When I Grow Up* (2011), all from Frances Lincoln, and *Nature Trail* (2022) and *People Need People* (2023) from Orchard Books; *The Bloomsbury Book of Love Poems* (1999); *Schools Out: Poems Not for School* (1997) and *The Little Book of Vegan Poems* (2001) from AK Press. He published his autobiography, *The Life and Rhymes and Benjamin Zephaniah*, with Simon & Schuster in 2018.

BENJAMIN ZEPHANIAH

DIS POETRY

SELECTED POEMS & LYRICS

BLOODAXE BOOKS

ISBN: 978 1 78037 741 4

First published 2025 by
Bloodaxe Books Ltd,
Eastburn,
South Park,
Hexham,
Northumberland NE46 1BS.

www.bloodaxebooks.com
For further information about Bloodaxe titles
please visit our website and join our mailing list
or write to the above address for a catalogue.

Supported using public funding by
ARTS COUNCIL
ENGLAND

Cover design: Neil Astley & Pamela Robertson-Pearce.

Printed in Great Britain by Bell & Bain Limited, 303 Burnfield Road, Thornliebank, Glasgow G46 7UQ, Scotland, on acid-free paper sourced from mills with FSC chain of custody certification.

CONTENTS

TO DO WID ME:

BENJAMIN ZEPHANIAH FILMED LIVE & DIRECT

To Do Wid Me is a feature-length film portrait of Benjamin Zephaniah by Pamela Robertson-Pearce, drawing on both live performances and informal interviews. It was released on DVD by Bloodaxe Books in 2013, with – as a bonus feature – four music videos made by Benjamin with the Beta Brothers. The DVD was published with an accompanying book including the texts of all 18 poems and music lyrics performed in full in the film plus the lyrics of four others from the Beta Brothers videos. All but six were from Benjamin's published poetry collections and are included either in *Dis Poetry* or in his children's poetry collections *Talking Turkeys*, *Funky Chickens* or *Wicked World*. The other six are from his CDs *Belly of De Beast* (Ariwa Music, 1996) and *Naked* (One Little Indian, 2004).

Scan the QR code below watch the film *To Do Wid Me* (103 minutes) on Vimeo: https://vimeo.com/274377665

FROM

The Dread Affair

(1985)

Dedication

I would like to dedicate dis book to my mother;
also my brothers and sisters,
and to my friends who for some reason have lost their physical life,
and the people who helped with the manuscripts
and follow me on the live performances I do.
I would also like dis dedication to reach all
true RASTAFARIANS who seek God and revolution within themselves,
and to all freedom-fighters worldwide etc, etc.

But at a time when RADIATION threatens de Earth
and bombs are built instead of homes,
when WAR replaces reason.
and for some strange reason we have no say in de matter,
I will have to dedicate dis book to all peace-loving people.

Dedicated to all peace-loving people, worldwide.

Dem people, stone poets

You have heard of Luther, and Garvey,
dis ting happened in 1983
Lord is what this poet has said
and the words of this dread will never dead,
see when you tell de youth de truth
dem threaten you with gun and shoot
with all manner of tings dem find
justice get left behind.
Dem people eliminate poets,
dem people, day stone poets.

Artist culture and culture rebel
the words of the rant shall burn like hell
de Earth had a gift called Michael Smith
wicked see good and stoning it,
Lord is what the poet has said
and the audience start feel red
but those who stoned shall get pay
now it's arts for justice here I say.
Jamaicans here at home and abroad
struggle for some justice hard.

These happenings may seem out of date
but these tings happen in a modern state
be it gone or be it stone, know it now as modern Rome.
Don't get fooled by dis free speech
dem stone you for the words you speak,
dem people eliminate poets
dem people, day stone poets.

Nature's politics

Love and peace
and nuclear-free,
and life and plants
and liberty,
and food and shelter
answer me,
who made it political,
the right to see
the right to view,
the way dis pen now talks to you,
a place where children free to go
now answer me or don't you know,
no need to dream or think too hard
just take a look round your backyard,
for life is nature's miracle –
who made it political???

Fight dem

If you get uptight and you want to fight
fight dem, not me.
If you check out de scene and de tings don't right
check dem, not me.
I came I saw I live here and I have my tribulation to bear.
If you get uptight and you want to fight
fight dem, not me.
'Cause while you're fighting me
dey will arrange apartheid.
While you're fighting me
dey kill the Irish one.
While you're fighting me
dem will decorate the death of Peach.
While you're fighting me
dem invading in our land.

If you check history and you find a lie
see dem, not me.
And if you pay for the whole and but half is sold
check dem, not me.
I come from afar but I live here
and all I want is an equal share.
If you get uptight and you want to fight
fight dem, not me.
'Cause while you're fighting me
dey will have time for corruption.
While you're fighting me,
dem will cook a' evil food.
Dey are the real racists.

Look at the way they oppose the immigration.
And to do their dirty work
they make racists out of the youth.
If you live in the kitchen and can't afford chicken
blame dem, not me.
And if the tax you pay is high and you're living in the sky
blame dem, not me.
My unbringing resembles yours,
a life of toil, a life of chores.
So if you get uptight and you want to fight,
fight dem,
you better fight dem,
not me,
not me.

Nice one Handsworth

A different way of thinking for a new generation
educating themselves and freeing their minds,
finding a way to solve the situation
one time mean and now so kind,
will not stand no jestering
great to hear the children sing,
not tolerating no oppression
time to find a new direction,

well done Handsworth you are hard
one time you was my backyard,
Handsworth youths are doing fine
one revolution all the time.

At the local police station
they set up investigation
to see how and what they do
in the days and night time too,
community workers try their best
still this don't go 'cause more or less
the way is there for those to seek
soon Handsworth youth shall reach their peak,
rock ghetto children you are star
we had the fight they have the scar,
come natty dread youths get in there
give away what you have spare,

well done Handsworth I am proud
what I have seen I will shout loud,
nice one Handsworth doing fine
one revolution all the time.

Anti-society

See suffering all around me
can't think what will happen next
these ideas like plagues of roaches
make me angry make me vex,
big nice houses nice and easy
is this really human style?
nice and easy that can't please me
cools me not nor makes me smile.

Running up town, running down town
everywhere it seems the same
it's the same old story of men
who use blood to entertain,
is it right that the delight
is in the power struggle game?
I won't accept that, I refuse that,
I must liberate my name.

Try to brainwash me or take me
to a place to do their deeds
no hit man can't stop me now
for I must gain my people's needs,
have to rebel from corruption
have to find another path
find a point to roll my joint
and then distribute out my wrath,
running up town, running down town
won't forgive their lawless crimes
won't forget that they killed Garvey
after making him serve time.

And so I come to tell you
and I think you should know
I just can't sit and watch this happen
can't sit down and let this go,
my middle name is anti-society
I won't follow their leader

why don't you get anti-society
nature is the feeder
anti-society
damn that hypocrisy
anti-society.

Ess double you nine (Brixton)

And there can be seen a fact, a truth
but the eyes must be opened,
for this is where it happens
this is where it's at,
and there can be heard a cry,
for here in this pit
for here in this dirt,
for here you get a beating.

Can't keep a good dread down...

The seed of Abraham grows
it will not stop
and he who sees it knows
Rastafari is on top,
great schools and churches have been built
to hide us from the real,
but those who built burn in their guilt
as prophecies reveal.

Sympathisers come
to dance to rasta sound
we can't live in the atmosphere
we must live on the ground,

businessmen are some
they buying rasta sound,
they have no love for riddim
their interest is the pound.

The Lion of Judah has prevailed
the Seven Seals is I
no living in the grave no more
King Fari will not die,
no brainwashed education
for wisdom must top rank,
if you want riches
you must check Selassie I bank.

The root of David grows
weakheart get on you toes
and check the dread go sight JAH head
'cause he who sees HIM knows,
the Bible did not end the seed won't disappear
the only difference is that now
the rastaman is here, and,

Selassie I keeps on coming
can't keep a good dread down
those that stood start running
when JAH JAH comes to town,
greater love keeps coming
Alpha is here wid us,
so stop praying to polluted air
and give rasta your trust.

The boat is sinking

People let's just stop and think
now the world is on the brink of self-destruction,
FASCIST round here RACIST round there
generate dis atmosphere of persecution,

check it out young ones, let our minds start thinking
confusion out at sea and now the boat is sinking,
the boat is sinking we're going down
are we going to sit here and let these people drown
upon dis automatic star?
The boat is sinking we a-go drown
young ones shall not be down and let them keep us down,
stand up and tell them who you are.

Hark and hear what I must say der is no time delay
de clock stopped ticking,
if we want work then we must talk bout de way
we wish to walk as we are living,
the rose dat once stood high has now bent down to die,
the rose is dying and we must all agree
dat all the best tings dat are in life are free,
your liberty, our harmony,
the rose is dying don't let dis good ting go
we don't want no nuclear war
killing our children near and far
the rose is dying.

No no no
it don't matter if you're black no more
then it matters if you're white
we are forced into a corner
where we must all unite
because we are the youth we are strong
we must make a stand,
and we must tell our children
so they can understand,
the boat is sinking we're going down
we're not going to sit here while preachers keep on
preaching creating colour bar,
the boat is sinking we ago drown
the youth will not just sit here and let them keep us down
we stand to tell them who we are.

Freedom side

Things are getting ruff man,
things are getting tuff look,
they're coming after me,
now I can't escape
they could charge me for rape
or some bank robbery,
if a sound I utter
they will kick me in the gutter
calling me a wog,
'cause I don't love dead god
and I won't worship dog
or any log or hog,
they'll be coming soon
in modern air balloons
to get another coon,
I'll stand and watch them come
for now I just can't run
the burden weighs a ton.

City life is hard man,
can't afford abroad 'cause
my passport is gone,
I can't disappear
with foggy atmosphere or silly old love song,
and my eyes won't behold
a fairy story told of money crops of gold
they'll be coming back
it must be 'cause I'm black
of love them men must lack,
I'll stand and watch them come
for now I just can't run
the burden weighs a ton,

and Babylon comes down
keeps on coming down
Babylon get down, comes down, keeps down,
you got me at the wrong time

there's things I have to do,
Babylon move down
and let I one pass through.

Who killed Colin Roach?

Who killed Colin Roach? a lot of people want to know.
Who killed Colin Roach? dem better tell de people now.
What we seek is the truth, youth must now defend the youth.
Who killed Colin Roach? tell de people now.
Murder, murder some a shout, some of you might have your doubts
but what about our liberty, we want public enquiry.
Violence, violence some have said, 'cause our brother is lying dead.
Put this in your diary, we want public enquiry.
Who killed Colin Roach? our people are shouting.
Who killed Colin Roach? these marches are not outings.
Our marches are not picnics where you go to have a ball,
our banners have the writing saying 'Justice Stands For All'.
'Cause Colin Roach is human, and our blood is the same,
but every time black blood get spill no one get the blame.
The judge and the jury retired for a time,
but we are on the streets shouting 'Punishment For Crime'.
Who killed Colin Roach? a lot of people want to know.
Who killed Colin Roach? dem better tell de people now.
Murder, murder some a shout, some of you might have your doubts,
but what about democracy, we want public enquiry.

Ganja rock

Sip one time, sip two time
'Iii the mood is right,
hold a cool meditation
gain a third eyesight
as from time begun show your love for the sun
'cause as you burn you learn,
start from now for sure somehow
everyone must get their turn,

let's get into de ganja rock
get your lips round ganja rock
feel the good in ganja rock that cool,
you can dance with ganja rock
grab your chance with ganja rock
jump and prance with ganja rock still cool.

Get your pipe when the mood is right
make sure there's no law in sight
clean it out and fill it up with weed,
call a spa and there you are
never think of Lucifer
if you like you can plant some seeds,
if you plant don't fret for ants
they show love for ganja plants
make sure they get plenty of sunlight,
they can grow anywhere all you have to do
is care even just to look at they're all right,

lawmakers don't like ganja rock
but if you look at the right clock
I am sure you'll see it's ganja time,
so liberate this ital weed
it gives I headside vital feed
and show them using herb is not no crime,

let's dip our heads in ganja rock
come let's ride the ganja track

or live in ganja shack that's cool,
go and get yourself a treat
forward up and don't retreat
smoking ganja is so sweet still cool,
now let's get into ganja rock.

The day dat I met Lady Di

The day dat I met Lady Di,
now let me think 'cause I was high.
Oh yes! now I remember well, should not forget dat Brixton smell.
The day dat I met Lady Di,
some bird must have shit in my eye.
No bright colours she wore just red,
and she was burning with a dread.

In Brixton town there was she,
to my surprise she turned to me and said
'I am really militant and so pleased to meet you Eddy Grant.'
I told her Eddy Grant's not me, she said
'Sorry Mr Lenny Henry, it's because you impersonate so well
and there's lots of you how can I tell.'

The day dat I met Lady Di,
she said 'I really like reggae.'
She start wined and move her rump, then she did what she call the water
    pump.
The day dat I met Lady Di, not a bird was in the sky.
All of them were on her hat, looking for dead worms and rats.

Now Lady Di she like a dub, and she come down to our youth club.
And I must say I was fooled,
'cause really she so good at pool.
She said 'I don't like gambling', but she don't lose she always win.
In the money game she broke the rest,
more profit for the royal chest.

And there she stood with this young black brother,
and dis white man shouts 'You're a black man lover.'
She said you see us royalty stand for racial equality,
we want to see you bright and healthy, not too powerful, not too wealthy,
and if your people have a problem, tell my husband he will solve them.

The day dat I met Lady Di,
I asked myself the question why.
If she's human like you and me, why don't she use the lavatory.
The day dat I met Lady Di, I was happy no I tell a lie.
I had a pain in my belly, I would not fart near royalty.

Pen rhythm

No silver or gold I have no riches
I have no castle on high,
certain things a one can have
and no money can buy,
check aspects of city life
check the Earthman brain,
still cool and easy bring it down
pen rhythm take the strain.
The rhythm of the pen goes bubbling
dancing round the page
no decease can't cripple it
can't dead of old age,
the rhythm of the pen goes to and fro
high and low where you can't go
the rhythm of the pen will not stop now
pen rhythm is in full rage.

People always talking
tales of this and that,
society keeps on sucking like a drunk vampire bat,
fighters keep on fighting the ideas that take control
ideas that rap and trap some boys and take away their soul,

baldhead boys are running
first place in rat race,
there once was a barber here
but that barber got chased,
pharaoh's girls keep coming
they shall find their place
what they cannot see on Earth they try to see in space.

The rhythm of the pen goes ring ding dong
left and right and can't go wrong
the pen plans the rhythm and the rhythm sings a song
the strain is on the rhythm but the rhythm well strong,
the rhythm of the pen goes here and there
always with harmony always with care
the rhythm is full still there is some spare
pen rhythm get wild pen rhythm don't fear.

Dreadie high-rise farm

Living ina concrete jungle
where black and white mingle
de only music to be heard
is JAH dread reggae jingle,
living so far man
living so high
more time man feel like want fly,
living in high rise
travel by lift
dreadie grow food
'cause dreadie have gift,
dread keep farm
dread sister know better
natty in sky
still natty grow pepper.

Living so high we start feel high
so bloody high we live in sky
now and den man wonder why
why Earthman must live so high,
there is no back garden here
still sight tomato there,
wonder if dat pepper hot
dread wife farm ina council block.

Dreadlocks sister you well hard
agriculture no backyard,
far from earth still pepper and ting
herbs so sweek it mek I sing,
dread wife farm in a council flat
same place dreadlocks man mek hat.

Irish moss, fish, ginger beer
pass de dumpling over here
come brother Levi hold dat chair
every one get equal share,
if you're looking iry cooking
check de dread an hold a booking,
if de vital is your wish
check dreadie high-rise ital dish,
natty a do it and natty nar harm
check de natty dreadlocks council farm.

Dis policeman keeps on kicking me to death

Ina de distance of de night
you see dem moving round
investigating and crime-making
within any town,
creeping persons wid no hearts
dem control who dem please
dem only like fe see you
when you do pon youn bending knees.
Some of us will fight dem, we fight dem
some of us fight back
informers will sleep wid you
dem stab you ina yu back
dis regime is racist we know
dis regime is bent
dis regime is like a worthless penny
dat's unspent.

Dis policeman keeps on hitting me and pulling out my locks
he keeps on feeding me unlimited Brooklax
dis policeman is a coward he gets me from behind
he can jail my body but him cannot jail my mind.

Like a bat from hell he comes at night
to work his evil plan
although he goes to church on Sunday
he's a sinner man,
like a thief in de dark he take me to de
place where he just left
and when him get me in der
he is kicking me to death.
Dis policeman, dis policeman
dis policeman keeps on kicking me to death.

I got me up and took me to de place fe human rights
a notice on de door said 'Sorry we are closed tonight'
so I turn round and took myself to see dis preacher guy
who told me 'bout some heaven

dat was in de bloody sky,
now I don't wa' to kid myself
but I don't think I'm free
if I'm free den why does he
keep fucking kicking me?

I tell you I'm not joking
you should see dem over der
dey have no respect for either
living or welfare,
dis policeman is a creep
I tell you he is mad
I am trying to do good
while he exhibits bad.
I am living in de ghetto
trying to do my best
when dis policeman tells me
I'm under damn arrest.

Him beat me so badly
I was on the floor
him said if I don't plead guilty
him gwan kick me more
I was feeling sick, I pleaded
RACIST ATTACK
and another policeman come to finish me off –
dis one was BLACK.

In dis war we have traitors
who don't think to sell you out
in dis war der are people who refuse
to hear de shout
for human rights to be regarded
as a basic right
still dis policeman dicks me
every day and every night.

Like a bat from hell he comes at night
to work his evil plan
although he goes to church on Sunday

he's a sinner man
like a thief in de dark he takes me to
de place where he just left
and when him get me in der
he is kicking me to death.
Dis policeman, dis policeman
dis policeman keeps on kicking me to death.

South Afrika

Don't talk to them
don't be dem friend
no matter if you black
or if you white
NO APARTHEID, NO APARTHEID.

Don't play wid dem don't trade wid dem
no matter if you church of Christ
or Methodist
NO RACIST, NO RACIST.

Free South Afrika, free South Afrika
'cause too many children dying down der
when people in de West dem just no care
free South Afrika, free South Afrika
'cause everybody need dem human rights
so big world run come view de sights
free South Afrika, free South Afrika

Illegal occupation is killing dis free nation
so start repatriation and give us liberation
we don't want no sell out
we don't need de West
'cause right now we're demanding freedom
because freedom is de best
we don't want no more tribulation

and I and I curse dis situation
right now as we a fight
we a fight for self-determination we go
free South Afrika, free South Afrika.

Don't talk to dem
don't be dem friend
no matter if you black
or if you white
NO APARTHEID, NO APARTHEID.
don't play with dem
ddon't trade wid dem
no matter if you church of Christ
or Methodist
NO RACIST NO RACIST
free South Afrika, free South Afrika.

Every people have de right to determine
dem own destiny
these rights must be given to de people of South Afrika
for there will be no mercy for those who
uphold these racist policies.
No tears shall be shed for their blood
for they are a wicked evil people
illegal invaders and they must be driven away
like the wind blows de sands of de shore
so must they be driven away
dis is de true voice of de people.

City Psalms

(1992)

Fe Noorjahan, Valerie,

Fe de birds an de bees.

Man to Man

Macho man
Can't cook
Macho man
Can't sew
Macho man
Eats plenty Red Meat,
At home him is King,
From front garden to back garden
From de lift to de balcony
Him a supreme Master,
Controller.

Food mus ready
On time,
Cloth mus ready
On time,
Woman mus ready
On time,
How Macho can yu go?

Cum
Talk to me bout sexuality,
Cum meditate,
Cum Save de Whale,
Dose bulging muscles need Tai Chi
Yu drunken eyes need herb tea,
Cum, Relax.

Macho man
Can't cook, sew or wash him pants,
But Macho Man is in full control.

Dis Poetry

Dis poetry is like a riddim dat drops
De tongue fires a riddim dat shoots like shots
Dis poetry is designed fe rantin
Dance hall style, Big mouth chanting,
Dis poetry nar put yu to sleep
Preaching follow me
Like yu is blind sheep,
Dis poetry is not Party Political
Not designed fe dose who are critical.

Dis poetry is wid me when I gu to me bed
It gets into me Dreadlocks
It lingers around me head
Dis poetry goes wid me as I pedal me bike
I've tried Shakespeare, Respect due dere
But dis is de stuff I like.

Dis poetry is not afraid of going in a book
Still dis poetry need ears fe hear an eyes fe hav a look
Dis poetry is Verbal Riddim, no big words involved
An if I hav a problem de riddim gets it solved,
I've tried to be more Romantic, it does nu good for me
So I tek a Reggae Riddim an build me poetry,
I could try be more personal
But you've heard it all before,
Pages of written words not needed
Brain has many words in store,
Yu could call dis poetry Dub Ranting
De tongue plays a beat
De body starts skanking,
Dis poetry is quick an childish
Dis poetry is fe de wise an foolish,
Anybody can do it fe free,
Dis poetry is fe yu an me,
Don't stretch yu imagination
Dis poetry is fe de good of de Nation,
Chant,

In de morning
I chant
In de night
I chant
In de darkness
An under de spotlight,
I pass thru University
I pass thru Sociology
An den I got a Dread degree
In Dreadfull Ghettology.

Dis poetry stays wid me when I run or walk
An when I am talking to meself in poetry I talk,
Dis poetry is wid me,
Below me an above,
Dis poetry's from inside me
It goes to yu
WID LUV.

A Bomb

Atom bomb
Babylon bomb
Christian bomb
Devil bomb
Economic bomb
Fanatics bomb
Germs bomb
Heathen bomb
Immortal bomb
Jingoistic bomb
Killing bomb
Lawless bomb
Mushroom bomb
No bomb
Official bomb
Painful bomb
Questionable bomb
Reactionary bomb
Sad bomb
Taxable bomb
U.N. bomb
Valuable bomb
Wicked bomb
Xenophobia bomb
Your bomb
Zymotic bomb

A bomb pusher writes

We have Big Bombs
You have little bombs
You should sign a dotted line
Saying your bombs will stay small,
Thanks for buying our small bombs.

Our bombs televise hits
Our people can eat, drink and make babies
In the comfort of their own homes
Watching our bombs bomb your people.

We make Deadlines
For you,
You should surrender
Our bombs bomb people who don't,
Our bombs cost a million pounds each
We have starving people who don't mind.
Our Wars are Just
Your wars are not
We have Priests on our side
Your priests don't count,
Your prayers don't count
Your cries don't count
We have nothing against you
Our people support us
Your people support us
Because you have your propaganda
We have War News
Fact finding missions
On the spot reports.

You have your God
Your collaborator.
We are evil
You are a bit more evil
Not our evil.

We have Big Bombs
Our bombers study hard
They fly Surgical bombs
Laser-guided bombs,
Young bombers
With young families,
We love our country
We love your climate
We love our bombs
We made your bombs.

Overstanding

Open up yu mind mek some riddim cum in
Open up yu brain do some reasoning
Open up yu thoughts so we can connect
Open up fe knowledge an intellect,
Open up de speaker mek we blast de sound
Open up de sky mek de Bass cum down
Open up yu eyes mek we look inside
If yu need fe overstand dis open wide.

Open up yu house mek de Refugee cum in
Yu may overstand an start helping
Open yu imagination, gu fe a ride
If yu want fe overstand dis open wide

Open up yu fiss an welcum a kiss
Getta loada dis open up business
Open up yu Bank Account an spend
Open up yu wallet an check a fren,
Open up de dance floor mek I dance
Open up yu body an luv romance
If yu have not opened up, yu hav not tried
See de other side an open wide

Open up de border free up de land
Open up de books in de Vatican
Open up yu self to any possibility
Open up yu heart an yu mentality,
Open any door dat yu confront
Let me put it straight, sincere and blunt
Narrow mindedness mus run an hide
Fe a shot of overstanding
Open Wide.

Speak

Yu teach me
Air Pilots language
De language of
American Presidents
A Royal Family
Of a green unpleasant land.
It is
Authorised
Approved
Recycled
At your service.
I speak widda bloody tongue,
Wid Nubian tones
Fe me riddims
Wid built in vibes.
Yu dance.

A writer rants

Write a rant about de runnings
Writer rant about de runnings
So I wrote of fires bunning
An de judgement dat is cuming.
It is part of our tradition
It's our fighters ammunition,
Give it schools fe education
It may start sum luv creation.

Real life business did provoke it
Den I went around an spoke it.
It has cum from off de bookshelf
It's alive so hear it yourself,
An echo came to me an said
'Yu have a job yu mus do, dread,
Write a rant of our short-cumings,
Writer rant about de runnings!'

Money
(rant)

Money mek a Rich man feel like a Big man
It mek a Poor man feel like a Hooligan
A One Parent family feels like some ruffians
An dose who hav it don't seem to care a damn,
Money meks yu friend become yu enemy
Yu start see tings very superficially
Yu life is lived very artificially
Unlike dose who live in Poverty.
Money inflates yu ego
But money brings yu down
Money causes problems anywea money is found,

Food is what we need, food is necessary,
Mek me grow my food
An dem can eat dem money.

Money meks a singer singaloada crap
Money keeps horses running round de track
Money meks Marriages
Money meks Divorce
Money meks a Student tink about de course,
Money meks commercials
Commercials mek money
If yu don't hav money yu just watch more TV,
Money can save us
Still we feel doomed,
Plenty money burns in a Nuclear Mushroom.
Money can't mek yu happy
Money can't help yu when yu die,
It seems dat dose who hav it continually live a lie.
Children a dying
Spies a spying
Refugees a fleeing
Politicians a lying,
So deals are done
An webs are spun
Loans keep de Third World on de run,
An de Bredda feels betta dan dis Bredda next door
'Cause dis Bredda's got money, but de Bredda's got more
An de Bredda tinks dis Bredda's not a Bredda 'cause he's poor
So dis Bredda kills de odder
Dat is Economic War.

New world Economic War
A bigga economic war means
It may not be de East an de West anymore
Now its de North an de South
Third World fall out
Coffee an Oil is what its about
It's Economic War
Poor people hav de scar
Shots fired from de Stock Market floor,

So we work fe a living, how we try
An we try,
Wid so little time fe chilling
Like we living a lie.

Money meks a dream become reality
Money meks real life like a fantasy
Money has a habit of going to de head
I have some fe a rainy day underneath me bed,
Money problems mek it hard fe relax
Money meks it difficult fe get down to de facts
Money meks yu worship vanity an lies
Money is a drug wid legal eyes
Economists cum
Economists go
Yu try controlling yu cash flow
Food cost loads
House prices soar
An de Rich people try to dress like de Poor,
Nobody really understands de interest rate
When dere is interest den its all too late,
We cherish education
But how much do we pay?
Yu can't buy Race Relations or afford a holiday
Money can't mek yu happy, yu happiness is paper thin
When yu are lonely yu will invite yu poor friends in.

Now dem sey is money culture time
Is dis culture yours, 'cause it is not mine
Money culture who?
Money culture what?
Money culture thrives where luv is not,
Dem can buy an sell till dem gu to Hell
Dem can tax de wisher at de wishing well,
Now Frankenstein cum fe privatise
Empire fools, get penny wise.
Every government will tek what dem can get
Every government is quick to feget
Every government can mek money by killing
Every government luvs money, no kidding,

But money is paper an paper will burn
So tink about trees as yu earn,
It could do good but it does more bad
Money is fake   and
You've been had.

Some study how fe manage it
Some study how fe spend it
Some people jus cannot comprehend it
Some study how fe move it from one country to another
Some study how fe study it an dem study fe ever,
Some people never see it yet dem work hard
Other never see it because dem carry cards,
Some people will grab it without nu thanks
An den mek it pile up in High Street banks.
Parents are hoping,
Some are not coping,
Some are jus managing,
Books need balancing,
Property is theft,
Nu money means death,
Yu pay fe yu rent den nothing left,
Some will pick a pocket
Some are paid fe stop it
Dose who are paid fe stop it are happy
'Cause dey got it,
Some gu out an fight fe it
Some claim dem hav de right to it
People like me Granparents live long but never sight it.

Money made me gu out an rob
Den it made me gu looking fe a job,
Money made de Nurse an de Doctor immigrate
Money buys friends yu luv to hate,
Money made Slavery seem alright
Money brought de Bible an de Bible shone de light,
Victory to de penniless at grass roots sources
Who hav fe deal wid Market Forces,
Dat paper giant called Market Forces.

No rights red an half dead

Dem drag him to de police van
An it was broad daylight,
Dem kick him down de street to it,
I knew it was not right,
His nose had moved, bloody head,
It was a ugly sight.
Dem beat him, tried fe mek him still
But him put up a fight.

De press were dere fe pictures
Cameras roll an click.
While dem get dem money's worth
I started fe feel sick.
No rights red an half dead
An losing breath real quick.
I was sure dat it was caused by
Some bad politrick.

Down de road dem speed away
All traffic pulls aside,
Next to me a high class girl said
'Hope they whip his hide.'
Under me a young man's blood
Caused me fe slip an slide,
He pissed his well-pressed pants,
A man like me jus cried.

All de time it happens
Yes, it happens all de time
But 'Helping with Enquiries'
Says newspaper headlines.
If yu don't help wid enquiries
Yu mus be doing fine,
An if yu tink yu seeing justice
Yu mus be bloody blind.

According to my mood

I have poetic licence, i WriTe thE way i waNt.
i drop my full stops where i like........
MY CAPITAL LetteRs go where i liKE,
i order from MY PeN, i verse the way i like
(i do my spelling write)
Acording to My MOod.
i HAve poetic licence,
i put my commers where i like,,(()).
(((my brackets are write((
I REPEAT WHen i likE.
i can't go rong.
i look and i.c.
It's rite.
i REpeat when i liKe. i have
poetic licence!
don't question me????

The Cold War

When me fingers feel not dere
An me Dreadlocks feel like hair
I tell meself dat Englan's not fe me,
Breathing car fumes as I jog
On de motorway thru fog
I dream of somewhere else I wanna be,
When de tears me cry quick freeze
An me tremble at de knees
I tell meself dis is no way fe grow,
When me nose gets snotty
An me cannot feel me botty
I get de feeling it is time fe go.

I do not find snow charming
Rain may help some farming
But I can deal wid rain if dere is heat,
I am no sunbather
Just a Roots, Rock, Rap, Dub Raver
I like wearing sandals on me feet,
I don't call it chilly
When I got a frozen willy
I call it de Ice Age, Death or Hell,
When me cat keeps crying
An few birds are flying
I wish I had a working wishing well.

I am a natural naturist
I am sure I am sun kissed
I am hooked, I am a displaced sun addict,
Colds me only phobia
Sunshine is me Utopia
I never miss de winter fe one bit,
I wait an wait till it gets warmer
Cost me hundreds at de sauna
If its winter outdoor sports, feget me baby,
I like it really hot
Then I can do a lot
When I am freezing I get cramp an I go crazy.
Some like a little shiver
Some like a freezing river
Some like to throw a snowball
At a mate,
Some like to go an ski
Rather dem dan me
Cum frosty times I want to emigrate,
I am trying to fit in
When yu see me icy grin
I am sure you'll see de reason for de rhyme,
Yes I am still here
'Cause hot or cold but everywhere
You'll see people from afar
An dey are mine.

As a African

As a African I danced to riddims wild in Nicaragua
I overstood dem well.
As a African I did not celebrate 200 years of Australia,
I overstand its history is black.
As a African I went to find Palestine,
I got confused on de West Bank,
An as a African Palestine is important.

As a African I grew old,
I went an sat down wid an reasoned wid Mr Ayatollah.
Mr Ayatollah told me fe mind me own business,
An so did Mr President USA.
Mrs Thatcher didn't even talk to me.

As a African a plastic bullet hit me in Northern Ireland,
But me children overstood an dey grew strong,
As a African I was a woman in a man's world,
A man in a computer world,
A fly on de wall of China,
A Rastafarian diplomat,
An a miner in Wales.
I was a red hot Eskimo,
A peace luvin hippie,
A honest newscaster,
A city dwelling peasant,
I was a Arawak,
A unwanted baby,
A circumcised lady,
I was all a dis
An still a African.

My God! Your God!

So dis is de state dat your kind dreamt about,
An after yu beating is dis yu way out,
'Cause I was a witness, now I want to shout,
Explain to me, who is YOUR GOD?

Yu dreamt of a homeland, well others dream too,
De fruit was forbidden an now yu can't chew,
How can yu do dis, in de past it was you,
Is dis in de name of YOUR GOD?

Does YOUR GOD love children
Does YOUR GOD love peace
Could YOUR GOD bring justice to de Middle East,
Does YOUR GOD love anyone whatever dere kind,
Is YOUR GOD dis brutal, or is YOUR GOD blind,
An is YOUR GOD willing to talk to a nation,
Or did YOUR GOD come here to wipe out creation
My questions are childlike but I'm in confusion,
My question is,
Where is YOUR GOD?

A Picture of a Sign

I saw a picture of a sign
It was a sign of de time
Saying,
'No Blacks, No Irish, No Dogs,
No Children, No Cats, No Wogs.'
Sey what,
Dat greeted me Mudder
In de Mudder country?
Nowadays
Dem couldn't leave dat message fe me.

I saw a picture of a Policeman
Beating a Bredda,
As a lesson on progress
Me show it to me Mudder.
Me Mudder sey 'What
Is PC Dixon dat'
Me sey,
'Mum dat is dat
Dats de Mudder country
Plenty a shout tit fe tat
An try raise a family.'

I saw a picture of a man
Trying hard,
Very thin,
Homeless, moneyless,
One more starving,
De Credit Legacy
Hopeless in Chelsea,
De Mudder countrys home
Of de New Age Yuppie.

I saw a picture of meself
In me British Passport,
An me tink of all de people
Dat de British hav fought,
Like *'De Blacks, de Irish, de Dogs,*
De Children, de Cats and de Wogs.'

Now de Mudder country is down
On her knee,
She is tough and quite persistent,
But I picture some ting different.

Yo Bowy

Let's boogie.
Sell yu soul
Prostitute yu Art
Be a Black
An White
Minstrel.
Wave yu hands Bowy
Show yu teeth
Strut dat funky ting
Sing Bowy, sing.

Boss won't touch yu
Wid a barge pole
But Bowy
Yu sexy
Dance Bowy, dance.

Top of de Pops
Flash locks
Flash flesh
Get down Bowy
Weigh down.

Good stuff
Wonderful riddims
Don't worry
Be happy.

Get Rich quick
If not
It's a job.

Tiananmen Square

Rumours were spreading round Moscow
Rumours around de Whitehouse
Rumours were spreading round London city
A nations crying out,
As de rumours were confirmed
De press were gathered dere
An all conscious people were saying
Our hearts at Tiananmen Square.

Singing an chanting an dancing
All fe a little more say
Courage hope an comradeship
De order of de day,
Young blood, young minds, new ideas
Dere was nu stopping some
An dere was nu sign of de devastation yet fe come.

Could de people shoot de people
Would de people really dare
Could de people do such evil
Well dey did such evil dare,
Bad vibes an bodies burning nonsense in de atmosphere
De tanks dey work so hard fe build
Spill blood on Tiananmen Square.

Leff, right, all over people crying out fe change
Reform or revolution somehow tings mus rearrange
Uncle Sam is not de man yu tink dem fighting fe McDonalds
Don't believe de *News at Ten*, dese people seek new channels,
Great Baton yu great hypocrite, talk of democracy?
Chinese people hav nu vote in yu Chinese colony,
Power to de people, yu can't kill an idea,
All dose dat die exposing lies
Now live in Tiananmen Square.

Royals do it too

De Press haz gone krazzy
De message is blur,
If butting an maybees
An many not sures,
De truth is so vital
No comment upstairs,
She swore on de Bible,
He swore dat he cares.
I heard from a neighbour
I heard from a cop
It's talk on de corner
It's cheap in de shop,
Astrologers knew it
It's palace endorsed
In public dey split
It's a Royal Divorce,
A royal divorce, a royal divorce
It really upsetted de cute royal horse,
A royal divorce, a royal divorce
I got de facts from a well unknown source.

How could she do it?
An how does he feel?,
Is dere no make-up kit
It's so unreal,
Raised in de House
It's de talk of de Nation,
What of dere Spouse
An dere organisation?,
My Mum is worried
She said 'It's de times,
It should be studied
By experts on crime',
Zoom in an focus
Let's see what is dere,
Is it dem, is it us
Or a Royal Affair?

A royal affair, a royal affair
Could it be royals also need a spare,
A royal affair, we speculate here
But wasn't she seen wid a big millionare?

She was so busy
Never at home,
He's in de Navy
De kids are alone,
Well can yu blame her
She could need some luv,
He's just a soldier
Nu time for a dub,
Nu time fe kissing
He's ready fe war,
Now dey are splitting
She'll drive her own car,
De Family vex
It's all over de place
Nu more royal sex
It's a royal disgrace.
A royal disgrace, a royal disgrace
Dey should hav been happy,
Dey both had dere space
A royal disgrace, I followed de case
It's thrilling an killing
An all in good taste.

Dey are our role models
Our figureheads
Dey should not squabble
But live in fast stead,
Dey should be perfect
It's not good enough
Study dere subjects
'Cause real life is tuff,
But royals are not real
Dere bigger dan us
If dey burn a meal
We can all mek a fuss

It's tuff an heavy
Dey could not go de course

By royal degree
It's a royal divorce
A royal divorce, a royal divorce
Real life together cannot work by force
A royal divorce, a royal divorce
I'm so unhappy,
I'm joking of course.

Black Whole

I can't be a Non-European
I am whole
No Non,
European is Non-Black?
Female is Non-Male?
Oxygen Non-Matter?

I an I live
If you non me
No wonder
You Non-Compassionate.

Non-European
Who is?
Non-Westerners
Are North, South an East.

Rapid Rapping

(rant)

Intellectuals an sociologists mus come an see
What is happening now orally,
It is really meking history bringing poetry alive
To a dub or funky reggae, to jazz music, rock an jive,
Yu cannot ignore it as de people voice dere feelings
Some are sick of politricks an diplomatic double dealing
So dey picking up de microphone fe dere expression
Dey hav fe get it right or dey get verbal reaction.

CHORUS:
Everybody's rapid rapping
Everybody has a rap
Everybody mus sey someting
It's as simple as dat
Everybody's rapid rapping
It's de order of de day
Some are doing it fe nothing
Some are doing it fe pay

Dere are brothers in America called Public Enemy
Dey rap about de USA an black equality
Dey are militant an I like dem I hope one day we'll meet
'Cause I really like dere lyrics an I really luv de beat
KRS 1 an X CLAN are rappers of a kind
Big an broad an massive an out fe blow yu mind
Yuppies do not like dem 'cause dey say dere superficial
Ghetto people luv dem dat is why dem blow a whistle,
When dey blow a whistle it's because dey dig de style
A rapper mus be open minded an quite versatile
Yu mus never drop a word an all de time yu mus get betta
Be responsible to your community or dey will get ya
I don't agree wid all a dem 'cause some are very vain
Just give dem some time fe speak in time dey will explain
'Cause plenty sisters do it an dis meks me proud
I want to kiss each one a dem but dat is not allowed.

De message dat I hav fe yu is if yu happy rap
An if yu want fe find yu way den use a rapping map
Yu can do it if yu angry yu can do it if yu mad
Jus remember what yu saying an remember good is bad
Yu can't do it if yu drunk or if yu high on someting funky
An if yu getting paid don't feget yu money
An if yu in de charts yu will need a manager
An if yu are a Rasta yu can tour Africa.

No I hav not finished yet no I hav not done
Don't feget de poets because as one we cum
Dere is Linton Kwesi Johnson an de brother Martin Glynn
An de Lioness dat chanting freedom fighters out fe win,
Mikey Smith was stoned to death but his words live on de same
Jean Binta Breeze speaks wid ease so don't feget de name
From Liverpool we get de brother Levi Tafari
I could keep on going till de sun drops out de sky
Mutabaruka, Oku Onuora, John Agard an Grace Nichols
All people who are capable an dey hav principles
Maka-B, Merle Collins, Sister Netifa, Lemn Sissay
I thank all of dem because dey pave de way, yu see
Long time agu before de book existed
Poetry was oral an not playing mystic
Poetry was something dat people understood
Poetry was living in every neighbourhood
Story telling was compelling listening, an entertaining
Done without de ego trip an nu special training
Found in many forms it was de oral tradition
When governments said quiet, poets said no submission.

Now some write it, some chat it
Some money people back it,
Now some rant it, some chant it
Like me, some do it reggaematic,
Some rap it up an rap it out
Jazz people do Jazzoetry
Nu matter how yu check it all of it is poetry

I hav nu hang ups bout de Black chat form
Dis is so important it mus break de norm,

I hav nu hang ups bout its style or rhyme
If a feeling has nu word I mek one a mine,
I tink it is important fe tell dis to people
Poetry was stolen from us an dat was evil,
Put upon de bookshelf by de type dat likes to analyse
Discussed in classy journals by de type wid reading eyes.

Look dere's nothing wrong wid reading
We can read to liberation
But readers mus not put down dis long oral tradition,
Nu dere's nothing wrong wid reading
Just tink people die fe read,
But dere's plenty wrong wid hiding someting
Dat people may need

Some hav taken up de gun
An some take up de pen
Oppressors are aware of dis
An dey fear both of dem,
Lawmakers an media try holding rappers back
An it's no coincidence dat most rappers are Black.

Jus one more ting before I go dat's yu can do it too
Yu don't need fe read an write, be honest, loud an true
Yu don't even need equipment every street becomes yu stage
We are making history so let progress thru dis age,
De young an old are doing it I hav a rappin mudder
Everybody has dere rap so let's rap to each other
No matter what yu style or de hat dat yu are wearing
Yu can even get away wida little swearing,
Fuck.

CHORUS
Everbody's rapid rapping
Everbody has a rap
Everbody mus sey someting
It's as simple as dat
Everbody's rapid rapping
I like rapping when I'm jogging
In de morning or de evening
I thank yu eye an ear fe listening.

Call it what yu like

Friday de 29th June, 1979
Temperature quite warm,
Need fe rock a while,
Tings kinda calm,
So to meself I sey, where shall I have a ball?
Den de *Time Out* tell me de scene is Acklam Hall
Live groups, beggar, samaritans, resistance,
Plus special guest.

Off to Acklam Hall
A couple frens wid me,
We never ever pay,
Dem always du me free,
Very good of dem,
Very good in dere.

India rocking,
England rocking
Africa a rock
To de Roots Reggae Track.

We dip wid de beat
We turn an repeat
We ride pon de beat,
Yes, cool runnings
Kinda beautiful fe see
How everyone rock free.

De Samaritans a getting ready
Hearts set fe luv a Reggae.
Tuning up.

Some a dem a bop to sound system,
Some a romance were lights are dim.

I tek a walk,
I circulate.

I was standing by dis door
Talking to dis girl,
I tell her dat I write
She said I must recite
An den I see a fight.

Dere was so many,
Appearance of Skinheads,
Dem a shout, 'National Front, National Front,'
Dem a shout, 'Kill one, Kill one, Kill a Black man,'
Dem a shout, 'Kill a Black man lover.'
In dem hands dem hav sticks
Dem hav bottles, dem hav bricks,
Dem a hit wid de sticks

An de bottles an de bricks.
A nightmare.
A nightmare, full a fear
I check it as a nightmare,
People falling down everywhere,
An one little exit door,
So much people heading fe dis exit door,
Only one little exit door.

Hysterical,
Terrible,
Hitlers ting in progress.
Women cried in Acklam Hall,
Racist beat all.

I step ina room,
I sight six men
Standing over one man,
One man lying pon de ground,
Thick blood,
Wood splinters,
Glass splinters an tears
An him never want nu charity,
No ambulance,
St Johns man talks in vain,

Blood hides de cut from de eye,
Glass splinters pushing pain.
Not one police number came.

Outside is a shout
De Punks are about.
A shout,
Nazis out, Nazis out.

O Punk, O Punk, de fight nu long,
Yu battle well.

I sight a punk holding a baby,
Lost baby,
De Black child crying,
But we fight back
De best form a attack.

An to meself I sey 'De Nazis gone commercial.'
An to meself I sey 'Dis should be controversial.'

Everybody start scatter
Me an me people jus
Exit.
De place was as mad as de world,
Not good,
We hav fe leave dat scene.
Not one police number came.

O Punk, O Punk, de fight nu long,
Yu battle well.

A tribute to the Punks and Anti-Nazi campaigners who battled hard on 29th June 1979 when a group of National Front members invaded a rave at Acklam Hall, Ladbroke Grove, West London.

Us & Dem

Me hear dem a talk bout Unity
Dem hav a plan fe de Effnick Minority
Dem sey Liberation totally
But dem hav odder tings as priority
Dem hold a Conference anually
Fe look at de state of Equality
Dem claim dem fighting hard fe we
When we want do it Independently,
De us,
Dats dose who are made fe suffer
Some are found in de gutter wid no food fe eat,
Us,
Well, we are clearly frustrated
We jus not debated when Parliament meet,
Dem,
Well dey are known by dere fruits
Dem hav many troops fe batter yu down,
Dem,
Well, Now dem hav power
But dere shall be an hour
When de table turn round.
Us an Dem it is Us an Dem
When will dis ting ever end
Yu mus know yu enemy from yu fren

Know yu enemy from yu fren now
Face de facts, yu can't pretend now,
I write dis poem fe more dan Art
I live a struggle, de poem plays a part,
I know people, very trendy
Dem talk to me very friendly,
But dey are coping
So now dem voting all dem frens in,
De frens oppress we,
How dem oppress we?
Well dem arrest we
An den dem givin we Judge an Jury

When we start we demonstrating
Dem hav dem prison cell waiting,
Pon de Telly dem talk fe a while
Wid fancy words an dem plastic smile,
Where Party Politricks play it's tricks
Dere is nu luv fe de old, nu luv fe de sick
Us an Dem it is Us an Dem.

Now me hear dem a talk bout World Peace,
But dere's Wars at home
An dem Wars will not cease,
Not till all de Queen horses
Women an Men find a new direction
(Start again),
Politicians talk bout World economics,
But read de Manifesto
It reads like a comic,
When dem talk bout housing
Dem mouth start sprouting
Words dat fe ever an fe ever yu doubting,
If yu in doubt yu don't hav a shout
When yu talk against dem
Dem sey get out,
Some call it Democracy
I call it Hypocrisy
Dat mek me start feel Revolutionary,
When rich fashion cramps poor style
I stop an after a while I ask,
Is it me class or is it me colour
Or is it a ting I don't yet discover,
Us an Dem it is Us an Dem
When will dis ting ever end,
Us an Dem it is Us an Dem
Yu mus know yu enemy from yu fren,
I repeat again, now it's Us an Dem,
When will dis ting reach a conclusion,
Don't pretend are yu Us or Dem,
Pick yu place from now
Before de confusion.

Cut de crap

Yu offer me a pension
But I know yu intention
Yu high powered connections,
Cut de crap an set I free.

I hav not drunk yu wine
Dat blood yu shed is mine
Yu paper I won't sign,
Cut de crap an set I free.

Yu not doing me nu favour
I was born a rebel raver
Yu is a two faced neighbour,
An yu tink dat yu hav me.

Black starliner like I ride de storm
I looked an den I saw de norm
Said up yours, no I won't conform
An just live selfishly.

Now yu offer me a share
Yu acting like yu care
But how did I get here
Cum we check de history,
Yu want me fe look like yu
It's a phase yu going thru
What yu offer me won't do
So cut de crap an set I free.

Me green poem

Everybody talking bout protecting de planet
As if we jus cum on it
It hard fe understan it.
Everybody talking bout de green revolution
Protecting de children an fighting pollution
But check – capitalism an greed as caused us to need
Clean air to breathe, Yes
When yu get hot under de collar
Yu suddenly discover dat yu going Green all over.
Fe years
Yu hav been fighting wars an destroying de scene
An now dat yu dying
Yu start turn Green

A few years ago if yu wanted peace yu would hav fe mek a demonstration.
Yu were called a traitor, a Russian infiltrator,
De scourge of de nation
A few years ago if yu said yu were Green
Yu were really seen as Red.
Yes a few years ago yu were seen as a weirdo
If yu were to eat brown bread.
Now yu don't hav to be clever fe know bout salmonella
An dere are many reasons fe diet like a vegan.
Now it is official, don't eat too artificial
When yu told yu hav no future, try some acupuncture.
Fe live long, get wise an try some exercise.
Feget de Harp, stay sharp
An tek care of yu heart
To go jogging is belonging
Walk instead of driving
Now dat yu are dying, start tinking of surviving.
Yu start tinking of surviving now dat yu are dying
Remember old time saying : Beware of what yu spraying
Now is de time fe panic
So let's go eat organic
Yu fridge will burn creation
Dis is so-called progression

Fe years
Yu hav been fighting wars an destroying de scene
An now dat yu dying
Yu start turn Green

Many singer-songwriters hav it as a topic
De rainforests, dose hungry people
'Daddy we must stop it.'
De ozone layer's fading
I mus make an LP
I'll get de credit an I'll give de cash to charity
I mus be really honest,
An I speak personally,
I don't hav dat much money fe give to charity,
My people were rich but robbed
An we were healthy
So I don't know bout yu, but me, I plead Not Guilty.
So now yu hav a house
World music gets yu high
An now yu exercising hard 'cause yu don't want to die
An yu got loadsamoney but yu don't need nu cash
'Cause yu got loadsa credit cards an yu so proud a dat
De greenhouse effect meks de world hotta
If yu hav loadsamoney really it nu matta.
Nobody knows what's happening to de weather
An all of a sudden we're told to pull together
Pull together?
Pull together
An recycle ya paper.
De government said if yu don't yu will regret it later.
Dem used to sey dat Green was soft
Don't worry bout de atmosphere
An now a scientist has said,
'Oh damn, we're going to disappear.'
Fe years
Yu hav been fighting wars an destroying de scene
An now dat yu dying
Yu start turn Green

Now when it come to wars, governments are funny
Lives are secondary, first is bloody money
Troops out if it costs too much, troops in if it pays
An in de English dictionary what is war anyway?
Angola dat's war
Afghanistan dat's war
Tibet dat's war
Far-off people hav dem,
Ethiopia dat's war
El Salvador dat's war
Bolivia dat's war
Feel sorry fe de children,
Lebanon dat's war
Gaza dat's war
Mozambique dat's war
An someone's got to stop dem,
Korea dat's war
Haiti dat's war
Northern Ireland dat's something else
Now dat is just a problem.
Still we don't hav nu constitution
An so-called progress breeds pollution
Yu can buy a share in de illusion
Or yu can gu to school an study de Green solution,
Fe years Green tings hav been pushed aside
Now we're going fast on a downward slide
Who's going Green on de sly?
Is dat kinda business upset I
Fe years
Yu hav been fighting wars an destroying de scene
An now dat yu dying
Yu start turn Green

Everybody talking bout protecting de planet
As if we just cum on it
It hard fe understan it.
Everybody talking bout de Green revolution
Protecting de children an fighting pollution.
But check
Humans hav been taking an not giving

An now de boat is sinking yu stop an start tinking,
Now we see dere is a change of tone
De problem's cuming home
De world's a danger zone

Fe years
Yu hav been fighting wars an destroying de scene
An now dat yu dying
Yu start turn Green
Fe years yu hav been getting technological
But ignoring de facts
An now yu so technical
But yu cannot relax,

Blue   will   turn   Green
When   votes   are   seen

An yu will get   lead-free   gasoline

Comrades an Frens

Walls cum down an prices rise
Dey dreamt it happens overnight
Awaiting dreams wid hungry eyes
De Eagle an de Bear in flight.

All de Gods are free fe speak
(Earth people still hav nu voice)
Eagles now fly in fe teach
(Brainwash maybe more precise).

Round de table talks on talks
Or talks fe money mekin men
High on profits an odder shorts
De Nineties way of ruling dem.

Welcum to de White Weddin
In death dey cum together
Northerners should all cum in
(It will not last fe ever)

Way down South de forest dies
People die wid de forest,
Costly was de bag a lies
Truths so hard fe digest.

Peaceful people fought fe peace
De people feared de dreaded hour,
Now dey can buy de Mystic East
So now dem fight fe power.

A modern slave song

When yu cosy in yu house
Remember I exist,
When yu drink expensive drink
Remember I exist,
When yu lying on me beach
Remember I exist,
When yu trying to sell me beans to me
Remember I exist.

When yu loving each other to death
Remember I exist,
When yu selling me me music
Remember I exist,
When yu sell dat cotton shirt
Remember I exist,
When yu interviewing me
Remember I exist.

I was de first inventor – remember
I am black an dread an luv – remember
I am poor but rich, don't mess – remember
I made history – remember.
Yu tried to shut me mouth – remember
Yu studied me an filmed me – remember
Yu spending me money – remember
Yu trying to feget me but remember,
Remember I am trained to not give in,
So don't feget.
Remember I hav studied studying
So don't feget.
Remember where I come from, 'cause I do.
I won't feget.
Remember yu got me, 'cause I'll get yu.
I'll mek yu sweat.

U-Turn

Handsworth, Brixton, St Pauls, Broadwater Farm,
Toxteth, Highfields, Bradford, Ladbroke Grove,
Somebody better mek a U-turn
Before de fire start burn.

De culprit is hidden
In a very nice house, in a very nice town
Wid comfortable surroundings,
De culprit has taken
De power of de beast, disturbing de peace
An give de power to police.

Somebody better check it out,
Somebody better get it right,
Somebody better check de atmosphere
'Cause fire ago burn tonight,
Somebody better check de scene
Fe see exactly what I mean
De people of power can't hide cum de hour
An voters hans aren't clean.
Somebody better mek a U-turn before de fire start burn.

Moss Side, Wolverhampton, Belfast, Chapeltown,
Hackney, Peckham, Brent, Stoke Newington,
Someone's mispending de cash
Children will burn de place to ash
History's being made me people hav paid
An children grow up in a flash,
An innocent woman is dead, shot sleeping in her bed
Words hav been spoken, de chains hav been broken
An now we're feeling dread, AN RED.

Somebody better mek a U-turn before de fire start burn.

How's dat

No Sir
I don't play Cricket,
One time I try
Fearing a duck
I watch de ball fly towards me,
I recall every spin
An unforgettable air speed,
It bounced before me
Jus missing a two day old ant,
Up it cum
A red flash
Lick me finger so hard
I thought me finger would die.

Teacher tell me
I am good at cricket,
I tell teacher
I am not,
Teacher tell me
We luv cricket,
I tell teacher
Not me,
I want Trigonometry
Fe help me people,
Teacher tell me
I am a born Cricketer,
But I never......(well only once),
I don't play cricket.

She's crying for many

She is flesh of me flesh
I am bone of her bone
So please stop kicking her
Beg yu leave her alone,
She is not fighting back
Find de love dat yu lack
Dat's me sista yu beating upstairs.

I am feeling dem punches
I am feeling dem kicks
I see where yu mind is
I check yu as sick,
So yu are 'De Man',
Easy man, if yu can,
Dat's me sista yu beating upstairs.

She's screaming,
An it seems dat yu will not stop,
'Dis is domestic', (de words of a cop)
An yu keep repeating, 'Tell me where you've been',
She's trying fe tell yu,
Yu not listening,
Downstairs me flat is shaking,
De lights are crazy swaying,
An I can hear loudly each word yu are saying,
I feel dat her body is touching me ceiling,
An I see de man from inside yu revealing.

She's crying fe many,
Dere's many de same,
An don't try fe tell me de Bible's to blame,
De colours yu fly outside, carry dem home,
It's cruel, you're unhealthy,
Yu should live alone,
Dat problem needs checking,
It seems yu fegetting,
Remember yu mudda

I am yu girlfriend's bredda
Yu energy's wasted
Yu bitterness tasted,
An all dat yu stand fa as been demonstrated.

So now yu feel sexy,
Does dat turn yu on?
After yu cum tell me where ave yu gone?
Yu bed's only playing de riddim of one,
Music direct from de great Babylon,
Who carved de image an space you mus fill?
Is she de enemy dat yu mus kill?
Do yu tell yu friends how yu get yu cheap thrills?
Does yu mudda know dat yu acting so ill?

She is flesh of me flesh
I am bone of her bone,
I cannot help hearing,
I am downstairs alone,
Yu reap what yu sow,
How comes yu don't know
Dats OUR sister yu beating upstairs.

Question

Me watching me.
Hungry me.
Me belly swell
Me separate dirt from grain
Me looking amazed at a plane
Me in Africa a Squatter
Me at home a Refugee.

Me watching me.
Sitting comfortably
Ina hi-tech city
In touch wid de Modern World
In touch wid old frens
Me ask me,
Why is dere Famine ina land so Rich?

De BMW in Addis Ababa shock some
De Champagne ina Nigeria drunk some
De Canned Food of South Africa hurt some
From de Diamond to de Rand to de Dollar
De Africa unity worry some

Me need fe luv me neighbour badly
So Aid can't control me,
Like false borders hold me
Divide an rule me.

It could be me
It is me
Me watching me
Pon TV.

Me know bout Coffee
Me know bout Sugar
Me know bout Silver an Gold
Me stilla ask me
Why is dere Famine ina land so Rich?

The SUN

I believe the Blacks are bad
The Left is loony
God is Mad
This government's the best we've had
So I read The SUN.

I believe Britain is great
And other countries imitate
I am friendly with The State,
Daily, I read The SUN.

I am not too keen on foreign ones
But I don't mind some foreign bombs
Jungle bunnies play tom-toms,
But, I read The SUN.

Man, I don't like Russian spies
But we don't have none
I love lies,
I really do love Princess Di
I bet she reads The SUN.

Black people rob
Women should cook
And every poet is a crook,
I am told – so I don't need to look,
It's easy in The SUN.

Every hippie carries nits
And every Englishman love tits
I love Page Three and other bits,
I stare into The SUN.

I like playing bingo games
And witch-hunting to shame a name
But aren't newspapers all the same?
So why not read The SUN.

Don't give me truth, just give me gossip
And skeletons from people's closets,
I wanna be normal
And millions buy it,
I am blinded by The SUN.

Ringside

This is Art,
Let gum shields fly
Let eyes bleed
Let blood run,
Hit head
Rattle brains
With a right and a left
And a left and a right.
Knockouts are best
But not too soon,
This match is expensive
We want value for money,
We come to watch work
We are dressed in our best boxing suits
This is Legal
And we seek entertainment.

There is still great White hope
Until then Black on Black is fine,
We took these lads from the streets
If it wasn't for us he would starve.
We feed him
We train him
We cheer him on
We pat his back,
There is no one like him
Or him
Or him

If it wasn't for us he would rob you,
Ask him.

A right and a left
A left and a right,
We get so carried away
So much tension it hurts.
We can't fight to save our wallets
We leave it to the Boys,
He would fight anyway,
When he loses his temper
We head for the Board Room,
If he hits us
He goes to Jail.

He's a smart lad, he's bright,
And he waves our flag,
When he's brain dead
We shall set him up in advertising,
He can open shops
Do the Children's TV bit
He can see our doctors
Buy us drinks.

Widda a leff an a right
An a right an a leff
Jab him
Box him down,
Uppercut, uppercut
Knock him out fe ten seconds, no less
Wid style fe de viewers at home.
Yu Black
Yu British
Yu Black
Yu American
Yu Black
Yu Canadian
Yu White
Irish
Poor,
Box yu Brother.

Black Politics of Today

Well me study every kinda philosophy
An me study some religion, religiously
I don't want fe offend nobody
But me jus study an tek what is fe me
See if yu live in Jamaica ghost is duppy
If yu live in Englan a ghost is spooky
Anywea yu live life is reality
Anywea yu are check tings politically.
De Black Politics of Today.

Here I stand a Dreadlocks, a modern day Rasta
Me feel me want progress me want progress move fasta
Me know me roots an history is true Africa
Fe climb me family tree yu need a long ladder,
I never use nothing fe mek me Whiter
Every day me learn me start feel Blacka
Some people sey me reddish but dat nu matter
When yu dealing wid yu Class an Race yu stick together
Ina de Black Politics anyway.

Me luv being, me luv singing, me luv loving
Me luv life
Me check fe equality between a Husband an Wife
Me luv watching nature growing
An finding out an knowing
Me like going to de cinema
Depends on what is showing,
But if I gu an I am searched, dat is what I hate
Den I find quite naturally I mus question de State
An if I end up Downtown in a cell
Den I find quite naturally I mus Rebel
Me know some people sey dem don't deal wid politics
But de fact dat dem sey dat mek yu know sey dem get trick
So long as yu is living an yu want eat food
Enter de arena yu nar intrude
Our destiny is in our hand an we mus make a move
Black people situation mus improve

Some people sey dem hav enough so nows de time fe start
An if I hav some children I'll tell dem I played me part
In de Black Politics, all de way.

Well I will help wid Nicaragua
An deal wid Chile
I give it an I need it, it is Solidarity
I want fe see a place pon Earth called Kurdistan
Me hav radical views pon Northern Ireland
I don't move leff right an centre 'cause me know
Wea me stand
Dis is a new ting fe Black Man an Woman
So another generation can grow up an gu long
Me know Unity is strength an Unity will mek we strong,
Now if yu like a Britain me dealing wid yu
Me hav me views pon Arab an Israeli issues
Me vocabulary is changing I don't use coloured or bitch
Because I am Vegan I will not eat de Rich,
I won't invest in Sid or British Telecom
Because me study Slavery me know wea dem cumin from,
Nobody is perfect but knowledge mus increase
So long as yu are living yu deserve a piece
Mine is
De Black Politics of Today
Is dat me a sey
De ting nar gu awey
De Black British Politics of Today,
Many Poets write bout it
An now we ago deal wid it,
De Black Politics of Today
De Black British Politics of Dis Day.

The Old Truth

Rumour has it
Once upon a time
Dere was Peace, Luv an Unity
One race, de Human Race etc,
Africans traded wid de Irish
Chinese traded wid de Arabs etc,
Rumour has it,
We made luv in de open.

Before Religion
Before Politricks,
Our names meant someting,
Nu high art,
Nu high brow
Jus a milk an honey scene.

Rumour has it
Jesus (Peace be upon him)
Krishna (Peace be upon him)
Mohammed (Peace be upon him)
Harriet Tubman (Peace be upon her)
Yim Wing Chun (Peace be upon her)
Amina (Peace be upon her)
All came

Rumour has it
Our destinies are all
(Rumour has it)
De same.

Propa Propaganda

(1996)

Dedicated to the memory of Old Labour

VICTORY TO THE UNEMPLOYED

I Have a Scheme

I am here today my friends to tell you there is hope
As high as that mountain may seem
I must tell you
I have a dream
And my friends
There is a tunnel at the end of the light.
And beyond that tunnel I see a future
I see a time
When angry white men
Will sit down with angry black women
And talk about the weather,
Black employers will display notice-boards proclaiming,
'Me nu care wea yu come from yu know
So long as yu can do a good day's work, dat cool wid me.'

I see a time
When words like affirmative action
Will have sexual connotations
And black people all over this blessed country of ours
Will play golf,
Yes my friends that time is coming
And in that time
Afro-Caribbean and Asian youth
Will spend big money on English takeaways
And all police officers will be armed
With a dumplin,
I see a time
A time when the President of the United States of America
    will stand up and say,
'I inhaled
And it did kinda nice
So rewind and cum again.'
Immigation officers will just check that you are all right
And all black people will speak Welsh.

I may not get there my friends
But I have seen that time
I see thousands of muscular black men on Hampstead Heath
    walking their poodles
And hundreds of black female Formula 1 drivers
Racing around Birmingham in pursuit of a truly British way of life.
I have a dream
That one day from all the churches of this land we will hear
    the sound of that great old English spiritual,
Here we go, Here we go, Here we go.
One day all great songs will be made that way.

I am here today my friends to tell you
That the time is coming
When all people, regardless of colour or class, will have
    at least one Barry Manilow record
And vending-machines throughout the continent of Europe
Will flow with sour sap and sugarcane juice,
For it is written in the great book of multiculturalism
That the curry will blend with the shepherd's pie
    and the Afro hairstyle will return.

Let me hear you say
Multiculture
Amen
Let me hear you say
Roti, Roti
A women.

The time is coming
I may not get there with you
But I have seen that time,
And as an Equal Opportunities poet
It pleases me
To give you this opportunity
To share my vision of hope
And I just hope you can cope
With a future as black as this.

The Death of Joy Gardner

They put a leather belt around her
13 feet of tape and bound her
Handcuffs to secure her
And only God knows what else,
She's illegal, so deport her
Said the Empire that brought her
She died,
Nobody killed her
And she never killed herself.
It is our job to make her
Return to Jamaica
Said the Alien Deporters
Who deport people like me
It was said she had a warning
That the officers were calling
On that deadly July morning
As her young son watched TV.

An officer unplugged the phone
Mother and child were now alone
When all they wanted was a home
A child watch Mummy die,
No matter what the law may say
A mother should not die this way
Let human rights come into play
And to everyone apply.
I know not of a perfect race
I know not of a perfect place
I know this is not a simple case
Of Yardies on the move,
We must talk some Race Relations
With the folks from immigration
About this kind of deportation
If things are to improve.

Let it go down in history
The word is that officially
She died democratically
In 13 feet of tape,
That Christian was over here
Because pirates were over there
The Bible sent us everywhere
To make Great Britain great.
Here lies the extradition squad
And we should all now pray to God
That as they go about their job
They make not one mistake,
For I fear as I walk the streets
That one day I just may meet
Officials who may tie my feet
And how would I escape.

I see my people demonstrating
And educated folks debating
The way they're separating
The elder from the youth,
When all they are demanding
Is a little overstanding
They too have family planning
Now their children want the truth.
As I move around I am eyeing
So many poets crying
And so many poets trying
To articulate the grief,
I cannot help but wonder
How the alien deporters
(As they said to press reporters)
Can feel absolute relief.

Terrible World

I've seen streets of blood
Redda dan red
There waz no luv
Just bodies dead
And I think to myself
What a terrible world.

I've seen pimps and priests
Well interfused
Denying peace
To the kids they abuse
And I think to myself
What a terrible world.

The killer who's the hero
The rapist who's indoors
The trade in human cargo
And dead poets on tours
I've seen friends put in jail
For not being rich
And mass graves made
From a football pitch.

I've seen babies scream
Nobody cared
Civilians starve
Whilst troops are prepared
And I think to myself
What a terrible world
Yes I think to myself
What a terrible world.

I do love Louis Armstrong's work but I thought I should walk the same road and see things from a different point of view.

White Comedy

I waz whitemailed
By a white witch,
Wid white magic
An white lies,
Branded a white sheep
I slaved as a whitesmith
Near a white spot
Where I suffered whitewater fever.
Whitelisted as a white leg
I waz in de white book
As a master of de white art,
It waz like white death.

People called me white jack
Some hailed me as white wog,
So I joined de white watch
Trained as a white guard
Lived off de white economy.
Caught an beaten by de whiteshirts
I waz condemned to a white mass.

Don't worry,
I shall be writing to de Black House.

Belly of de Beast

Don't want go a jail, Don't want go a jail
'Cause everytime me gu dea, dem never give me bail

In hell places like dat
Yu find no justice fe de Blacks
One time dem beat me almost kill me
An dem abuse me locks,
De social worker tell me
Bout me rights to a phone
But when de devils got me number
Devils raided me mudder's home.

Don't want go a jail, Don't want go a jail
'Cause everytime me gu dea, dem never give me bail

Dem stop me jogging one fine day
As I got healthy on de green,
De Officer waz saying tings dat I would call obscene,
Once more I am in de van
Wid a beating to de station
Dat is what dem call helping investigations.

Dis is not de Jail House Rock
Dis is not de Jail House Rock
Yes dis is not

When dying in jail
You get pure unfit food fe eat
An Rasta minded vegan humans
Never get a treat,
Dem pack de place wid Blacks
There's a lack of common sense
An most Black people in dea
Is very innocent,

I think some politician man Should gu a jail
Some policeman Should gu a jail
Some slave driver Should gu a jail
An Margaret Thatcher (in my humble opinion) Should gu a jail

In state-owned homes like dat
Dere is no justice fe de Whites
In weird places like dat
Dem juss ignore yu human rights,
It really kinda lonely
An yu never get no peace
Dat is what de Rastas call
De belly of de beast.

Don't want go a jail, Don't want go a jail
'Cause everytime me gu dea, dem never give me bail

Tax inspectors May like a stay in jail
Big city hustlers May like a stay in jail
Gun manufacturers May like a stay in jail
An de one John Major (it is alleged) May like a stay in jail

Dis is not de *Jail House Rock*
Dis is not de answer
Elvis
Dis is not.

De Rong Song

Your house is
Falling down
Around
Your
Feet,
And you got
Nought
To eat,
Don't worry
Be happy.

Your fish
Have drowned
You wear
A frown,
You search
But you don't
Own a pound,
Don't worry
Be happy.

You ain't got
Nowhere to
Play,
Just balconies
And
Motorways,
Don't worry
Be happy.

You meet
Someone
You really like,
They tell you to
Get on your bike,
Don't worry
Be happy.

You're on your bike
And all is fine,
You get caught
In a washing line,
Don't worry
Be happy.

You go to school
The school is
Gone,
The Government
Put pressure on,
Don't worry
Be happy.

Your tea is
Dry
Your ice is
Hot,
Your head is
Tied up in a
Not,
Don't worry
Be happy.

You worry
Because
You're hurrying,
And hurry
Because
You're worrying,
Don't happy
Be worried.

Save Our Sons (SOS)

We black men of England
Too proud to cry for shame,
Let's cry a sea
Cry publicly,
Expose our very pain,
For Babylon the bandit
Is on our sisters' trail,
The bad talk
And the cool walk
Will not keep us out of jail.

We black men of England
Our guns are killing us,
How dare we?
Now hear me
How great is dangerous?
There's a fascist and a druggist
Out to get our kith and kin,
Let silent guns
Save our sons
The power is within.

We black men of England
Excel as if in sport
For our people,
Because some people
Want to see our face in court,
When we black men of England
Look the mirror in the face,
Through our sisters' eyes
We men shall rise
As proud sons of our race.

Reggae Head

Doctors inject me
Police arrest me
Dem electric shock me
But dat nar stop me,
Oooh
Dem can't get de Reggae out me head.

Dem tek me to a station
Put me pon probation,
But I still a dance
Wid de original nation,
Oooh
Dem can't get de Reggae out me head.

Dem sey,
Obey yu masta
Stop talk Rasta,
But I tek a dub
An juss rock a little fasta,
Noooo
Dem can't get de Reggae out me head.

Dem sey
Bad bowy, stop it,
Dem put money in me pocket
Riddim wise I drop it
An rock it Reggaematic,
Got it
Dem can't get de Reggae out me head.

Dem put
Pill an potions ina me
Dem put
Sum weird notion ina me,

Dem put
Fire water ina me
Wan time dem try fe slaughter me,
But I thrive on electricity
Dem tings stimulate I mentally
Now dem calling me de enemy
'Cause de reggae roots deep ina me.
Experts debate me
Pop charts
Hate me,
De BNP want to
Annihilate me,
Oooh
Dem can't get de Reggae out me head.

Critics curse
Psychiatrists wail,
Cadburys
Lock me up in jail,
Still
Dem can't get de Reggae out me head.

Computers study me
Commuters worry me
But dem can't hurry me
Or do me injury,
No
Dem can't get de Reggae out me head.

Videos are watching me
But dat is not stopping me
Let dem cum wid dem authority
An dem science and technology,
But
Dem can't get de Reggae out me head.

Dry

Valley deep
Mountain high
Path so steep
Body dry,
Give me
Water.
Thousands of miles
Thousands of years
I come thru
To get I here,
Give me
Water.

I survived de ship
De governor's trick
Nu need to panic
I am dealing wid it,
Juss give me
Water.
Not juss me
Me people a cum
Wid Marcus Garvey
An dey all need sum,
Give dem
Water.

Me nar chat slackness
Or do malpractice,
I have nu weapon
To pose like a war man,
I need
Peace man
Love man
An
Lubrication,
Juss give me
Water.

Meditate and Communicate

A Sadhu
Like a lotus
Sits on India,
Waiting for the truth
To take him home,
And India
Is busy
Getting busier,
Trying to repay its World Bank Loan.

The Sadhu
Takes his ganja
Like a Rastaman,
He blesses it
And burns it
For the nation,
And as the smoke arrives
In central Pakistan,
The Sadhu talks to God
In meditation.

One day
They say
Gods will return to India,
And all our mixed up lives
Will fall in place,
But first the Gods
Must deal with Bombay's Mafia,
And the Mafia
Control a lot of space.

A Sadhu
Like a lotus
Sits on India,
Waiting for the truth
To take him home,
He's a pure

And dedicated
Meditator,
He's just meditating
With his mobile phone.

India 1993

More Animal Writes

They got death machines
And crooked cops,
They grin and scheme
And fire shots,
They have the power
We have not,
Animals must stick together.

They got Criminal Injustice Acts
And old grey men
Ignoring facts,
Cups full of evil
To the max,
Animals must stick together.

I saw murder on their plates
I could not count the murder rate,
I watched them celebrate the hate,
Animals must stick together.

They ate a penis
And a lung,
They drank the piss
And ate the tongue,
Each one of them
Was highly strung,
Animals must stick together.

The market force was powerful
The force got international,
They could not see their animal
They just could not get spiritual,
They had to hide to do their deeds
But every animal has needs,
As they drank the blood of greed
They failed to overstand the weed.

So animals put courage on
Picket,
Protest,
Let them be gone,
Us animals should stand as one,
Animals should stick together.
Do what Jill wants us to do
See the animal in you,
Let us not stop
Until we've got
A world that Jill
Would like a lot,
And to do that
United act,
Animals must stick together.

Dedicated to Jill Phipps who died under the wheel of a truck whilst demonstrating against live animal exports at Coventry in 1995.

Who Dun It?

Soldiers unite
De war is over
Now people hav fe talk
An get fe know each other
Exiles flying home like birds going south
Because Mandela is in an apartheid is out,
Day dream a multiracial dream
Day see de grim reality
Recall dat hand dat waz unseen
Before de peoples victory,
Dere is much work dat must be done
No sense in living in de past
Still dere's smoke comin from de gun
So there are questions I muss ask
But,
Nobody done apartheid
Day were all revolutionaries.

Nobody took de land an divided de people
Dere waz no reason to build townships
'Cause nobody done no evil,
Nobody introduce a state of emergency
Nobody did anything so no one is guilty,
Nobody banned de books
No one set up road blocks
Everybody waz supporting de Communists an Blacks
Everybody knew apartheid put in practice would not work
Yes, everybody waz protecting de Blacks from getting hurt,
Yes,
Nobody done apartheid
Day were all revolutionaries.

Dere were no
Black hotels   White hotels
Black music   White music
An if dere waz, all hated it
An everyone waz fighting it,

No
Black parks   White parks
Black trains   White trains
Black land   White land
An other land fe Indians

Nobody killed Steve Biko
No
Dere were no Pass Laws
Day were all at Soweto
Fighting fe de cause,
Nobody watch Sophiatown burn
No ting waz in de banks
Nobody haz a lesson to learn
No one voted in de tanks,
Dat's right,
Nobody done apartheid
Day were all revolutionaries.
So no one wants revenge
An dere's no one to avenge
De boycotts an de protests were not needed,
All muss now pretend dere's no past
An become friends
An juss sey tings like
Common sense succeeded.

Now a moments silence
For dem dat could not stay,

An a moment of nonviolence
For dem dat passed away,

Yet more moments to remember
De times yu muss forget
Why go to Australia?
Dere's nothing to regret
Because,
Nobody done apartheid
Day were all revolutionaries.

I'd juss like fe know
How a hater thought
An how it waz to play around
At segregated sport,
I'd juss like fe know
How day will cope wid words like
Share,
An how it waz day slept at night
When death waz everywhere,
I'd juss like fe know
What made dem tick an tock
An what's it like to be on top
Den find yu hav to stop,
I'd juss like fe know
What day think of those next door
An if day still believe de land is theirs
For evermore,
But,
Nobody done apartheid
Day were all revolutionaries.

South Africa 1995

The Angry Black Poet

Next on stage
We have the angry black poet,
So angry
He won't allow himself to fall in luv,
So militant
You will want to see him again.
Don't get me wrong
He means it,
He means it so much

He is unable to feel,
He's so serious
If he is found smiling
He stops to get serious before he enters stage left,
Through days he dreams of freedom
Through nights he rants of freedom,
Tonight he will speak for you,
Give him a hand.

Please give him a hand,
Help him,
He too has silent moments
He could do without,
I have worked with him
And I know
He needs stroking
He needs to play
Let him know you are there.

I knew him when he was unknown
I knew him when he was happy,
Now he's angry
You will luv him,
He lives on the edge
He has highs and lows,
And I know
He hates publicity
And he luvs you all,
Be quiet
And let's hear it for
The angry black poet.

Poor Millionaires

I heard a man singing
De millionaire blues,
Him sey
'Me can't tek it,
Too much pressure.'

I heard a man singing
De blues of fame,
Him sey
'Reggae is
Wonderful blues.'

I heard a man singing
Jamaican blues,
Him sey
'Rap dat bad bass line
Wid luv.'

I heard a man singing
Millionaire blues,
With his militant
Peace luving band,
I heard a man singing
Millionaire blues,
As he basically
Lived off de land.

Written in Memphis, Tennessee and first published there by River City Press.

Silence in Our Screams

People demonstrating
Fe de right to silence,
And fe right to do dat
Wid no violence.
We will chant
Fe de right to silence
Sing fe de right to silence
Shout fe de right to silence
An die fe it.

We shall not be moved
Until free to wander round.
Relax don't panic
We are nomadic,
Not far off ones on TV
Just call us your family,
We are in our own backyard
We and foxes find it hard.

When they should consider
Miscarriages of justice,
In come de criminal justice kill.
Can't see no justice,
Just us
An dem,
We're going backwards my friend.

De dreadlocked
Travelling poet
Is shouting fe de right to silence.
For crying out loud
Monks are crying out loud
Fe de right to silence,
De most peaceful people in de land
Fighting fe de right to silence,

Librarians an singers
Want de right to silence,
Nature said we should
Learn to luv silence.

So we're going back to SUS
We're back to basic rules,
Our memories are long
Two wrongs are simply wrong,
So the state will make a fuss
When de workers down their tools
All of dis an still no rights
To silence.

Silence
Shout it,
Silence.
Shout it,
Bang your drum
For precious

Silence.

This poem was written for the pressure group Liberty as a sister poem to Adrian Mitchell's 'Criminal Justice for Crying Out Loud – A Rant'. (He likes short, snappy titles.) It was to be used in Liberty's campaign against the Criminal Justice Act, I don't know if it was ever used but Adrian and I felt we had to respond in our own way anyway and I like to think of this piece as the result of passionate, poetic intercourse.

Back to What

Back to basics
Back to the cave
Back to the Ice Age
Back to what

Back to basics
Back to the plague
Back to the Stone Age
Back to what

Back to basics
Back on your knees
Back with diseases
Back to what

Back to basics
Back to the sleaze
Back if you please
Back to what

Back to basics
Back to the creator
Back to Africa
Back to what

Back to basics
Back to back
Back to Black
Back to what.

A copy of this poem has been sent to John Major.

To Be Seen, To Be Done

If you are to be seen
Why hide
Behind curtains, robes
Order and law,
If you are so true
Why lie
To the mouths that speak
Of you,
Why bite
The hand
That's feeding you.

If you are to live with us
Why not
Protect us,
We need you now
And always,
For ever
And ever
Be good,
If you want respect
Just be
As equal as we,
What do you mean
Without we.

You came to save our madness
But madness turned you on,
We have one question
Justice,
That is,
Where have you gone??

One Day in Babylon

I met someone called loneliness
Who wanted me to stay
Because I told him I need friends
He would not go away,
I slept with mad and sadness
They wrapped me in their arms
The orgasms were full of woe
The poisons full of charm.
I spent one moon in fucking hell
My Black was bought and sold
In there I saw the White slave driver
Quickly growing old,
I met the foolish High Priest
Who told me what to be
I watch the foolish die hard die
Full of iniquity.
I met my ego long ago
It covered me in shame
I killed that cancer killing me
I found joy in its pain,
I saw my anger mocking me
I cried as I admired
And I saw great hypocrisy
Looking very tired.

City Lights

Screaming children,
Battered children,
Citizens Advice,
Outside
Is a Rolls Royce,
With
People who look nice,
Down in my city.

Newspaper lies,
Government spies,
Another purse robbed,
A woman sits and sobs,
It happens without pity
Down in my city.

Bored teenagers beating strangers
In some dark alley,
They tried it once with me
Down in my city...

This is one of the first poems I ever wrote down, it was also the inspiration behind the title of my last Bloodaxe book *City Psalms* but then silly me forgot to include it in the collection.

No Problem

I am not de problem
But I bare de brunt
Of silly playground taunts
An racist stunts,
I am not de problem
I am a born academic
But dey got me on de run
Now I am branded athletic,
I am not de problem
If yu give I a chance
I can teach yu of Timbuktu
I can do more dan dance,
I am not de problem
I greet yu wid a smile
Yu put me in a pigeon hole
But I am versatile.

These conditions may affect me
As I get older,
An I am positively sure
I hav no chips on me shoulders,
Black is not de problem
Mother country get it right,
An juss fe de record,
Sum of me best friends are white.

Dancing the Tradition

No people nu cry
No Jah people nu cry,
'Cause I remember yu just today
Swinging an swaying
To dat music   saying
So much trouble in de world.

Yes people nu cry
De rebel nu die,
'Cause I remember
How just today we sat
Ina government yard in Handsworth,
An when de Babylon cum
We nu run,
We went in concert   singing,
Get up, stand up
Stand up for your rights.

When I see yu yesterday
Dancing yu movement of Exodus,
I tell yu Bob Marley lives,
An den agen yu an yu fren
Continually skanking like dere is no end,
I repeat, Bob Marley lives.

Hey people, we talkin Conquering Lion of Jamaica here,
We talkin de buffalo soldier,
Yu sing song sang along
Wid de dread dat shot de sheriff
After yu chased de crazy baldhead minds,
So where's de death in dat?

Don't cry,
Feel no pain
'Cause de people will not wait in vain
Dying to go to heaven ina Jesus name,
An if yu can still dig de

Singer writer poet prophet,
Don't cry, Rock it!
Duz dat feel ded to you.

Forward,
Let us be iron
Like de lion from Zion,
We who walk wid de lion within,
We who harmonise wid de lion
Should know better.
Se no people nu cry,
Trenchtown Jamaica has gone outernational
An St Anns has lifted her hands towards de heavens,
Smile Jamaica,
De world is listening.

In de abundance of water
De fool is thirsty,
Let us drink,
Herb wine
Honey strong drink
Let us think,
Where de hell did we get
Dis simple idea of death?

Neighbours

I am the type you are supposed to fear
Black and foreign
Big and dreadlocks
An uneducated grass eater.

I talk in tongues
I chant at night
I appear anywhere,
I sleep with lions
And when the moon gets me
I am a Wailer.

I am moving in
Next door to you
So you can get to know me,
You will see my shadow
In the bathroom window,
My aromas will occupy
Your space,
Our ball will be in your court.
How will you feel?

You should feel good
You have been chosen.

I am the type you are supposed to love
Dark and mysterious
Tall and natural
Thinking, tea total.
I talk in schools
I sing on TV
I am in the papers,
I keep cool cats

And when the sun is shining
I go Carnival.

Another World

Those ships trespassed on my religion
Those hands strangled my life,
Those diseases infected my grass,
Dear teacher,
                I have a problem with Columbus.

Dat sperm put blue in my black
For once I became Capitalism,
You can call it America,
Canada
Or Rhodesia,
I call it Ours,
You can call it free
Democratic
Or the state of something,
I call it Earth.

We went to visit him
We did not steal from him,
We told him Anansi stories
We played Kabaddi with him.
He came to us,
He done physical and spiritual burglary
He shared the loot with his family,
My family was devastated.
Dear teacher,
                I am not into Columbus.

Dear teacher,
                Do you know what we are going through?
Have been through,
Or where we have been,
Our wise ones have been assassinated,
Our social services
Are in museums.

Ever heard of the Nubians?
Nubians are we,
Is the price right?
Priceless are we.
We are thirteen months a year
Not cargo,
We are past, present and future
Not His Story,
Look teacher,
          I have a problem with Columbus.

Family Values

Reds are in yu beds
Banks are in de red
Bombs in de city
Taxes burn
Crime rates soar
Hospitals fight
Schools rebel
Water kills
Cops kill,
Cover-ups uncovered
Neo-Nazis rise
Pension funds not trusted
Talks fail
War looms
An yu hav de cheek to call me
A
Problem
Child.

The War Process

Ceasefire planned
Talks planned
Talks postponed.

Mediators in place
Tuff negotiations
Negotiations breakdown.

Cease-fire planned
Talks on talks talked
Airport taken.

UN debates
Resolutions made
Deadline imposed.

Deadline coming
Reinforcements coming
Deadline gone.

Massacre discovered
Cover up uncovered
Hard line taken.

Ceasefire broken
Peace broker coming
Ceasefire broken.

Deadline imposed
Tension grows
Deadline goes.

UN repeats
UN repeats
UN repeats.

Mediators in place
Foothill taken
Talks break down.

UN debates
Factions debate
Factions don't budge.

Ceasefire planned
Ceasefires come
Ceasefires go.

Refugees talk.

My Rwandan friend said,
'At least they have ceasefires in Bosnia.'

My Bosnian friend said,
'What is a ceasefire,
By the way?'

Want To Be a Soldier

De life of a soldier is very hard
Dem never wid dem families dem always is abroad
It teks a tough guy to live on de edge
It teks courage to mek de pledge,
It teks yu independence an yu sanity
Yu muss hav strong feelings fe yu flag an country
De church will bless de killings but yu muss do de deed
De man up in de office will give yu all dat yu need,
De life of a soldier is physical
Wars hav laws so yu can kill an look respectable
De life of a soldier is demanding
It teks hard eyes to witness suffering.

So yu want to be a soldier
Well are yu tough enough?
An are yu young an strong
An flowing wid de right stuff
So yu want to be a soldier
Do yu need an enemy or is it juss de wages
Do yu need security to kill?

De road from machoism leads to masochism
A young man like yuself could always earn a living killing,
Never shed a tear when yu see de sight of blood
Do what yu are ordered never do a thing fe love,
Yu don't need to know what's right
An dere's a chance yu'll be de victor
De lads in de regiment will put yu in de picture,
Yu might not live fe long but yu could die glorious
It is a risky business but yu're doing it fe us
Yes yu're doing it fe us an future generations
It haz something to do wid international relations
Yu've seen de commercials, yu've taken in de hype
An yu hav reason to believe yu are de right type.

So yu want to be a soldier
Well are yu tough enough.
Now look at dat,
Juss look at dat
Yu're gunning yu neighbour
But yu hav an excuse fe dis very bad behaviour
Yu're pointing to de Bible, yu're blaming history
Now yu hav left half of de world in bloody misery.

Yu may want to play a soldier
I want to play at getting older.

Sit Con

Cover our wounds
With Black Comedies,
Laugh
At our expense.

Cover our wounds
With your cause,
Claim our
Olympic golds.

Cover our sexuality
With religion,
And give
God blue eyes.

Cover our rain dance
With discos,
Get down
To the beats you despise.

Hide our stones
In your crown jewels,
What goes
Must come,
We wait.

Hide our beauty
In your views,
So the rich Black
Buys a nose.

Cover our liberty monuments
With a ballot
And a referendum.

Cover our wounds
With Black Comedies,
And keep smiling
When we get our freedom.

City River Blues

Went to the river
Seeking inspiration,
Saw dead fish floating
Dead men boating
And condoms galore.

Sat by the river
Wondering,
From where cometh
Dat bloody smell,
For if I waz wize
And I could tell
The world would know.

This is our river
It runs through our lives
This is our river
Our shit-coloured river,
It's had it
But it's ours.

This river speaks
Every boot had a body
Every shirt had a friend,
And the old boys
Say they shall all meet
Where every river ends.

Here by this river
Joe Public wrote songs
And ships came
From far away,
Capitalism lived here,
Ships left from here,
To cheat someone,
Somewhere.

This river is on the map
The Queen came here,
The King came here,
Hitler bombed it,
Joe Bloggs bombed it,
A hundred factories
Bomb it every day,
But this river won't go away,
They say.

Went to the river
Seeking inspiration,
Got eco-depression,
Got stopped and searched,
Got called a coon,
Got damned lungs,
Got city river blues.

Tricky

When I grow up I want to be a student,
With God's help I could become Darwinian,
But my mother wants me to be jurisprudent,
And my wife wants me to be a lesbian.

Altered Ego

A small geezer called Wacko Jacko
Waz trying his best to act macho
He moved just a bit
An his trousers split
An out popped a sixties style afro.

Homeward Bound

That old man
Cut sugarcane in Jamaica
After he graduated from Sunday School,
Fed up with cutting cane
He came here for a better life.
He came here on a big ship
With big dreams
And two guineas,
He came here full of hope
With a great big smile,
He came here for the welcome
And the promise.
If his mother (bless her soul) could see him now
She would cry for her baby.

He don't understand political correctness
Give him the money and he's gone,
He did not study the oral tradition
Give him a stage and
He will explain.
He came here with his ambitions
And his Christianity,
She came here with a nursery qualification
And his Christianity,
Between them they produced six Rastafarians
Who called themselves Lost Africans.

When the old man puts on his old suit
He dances like a rude boy
His music is in his head,
Now he dreams of fresh sugar cane,
When the old man
Puts on his everyday face
He is only grinning and bearing,
He did forty years on the buses
And he never went to jail.

That old man
Was going home anyway,
All his Jamaica nights are in his head,
Fed up with the weather
He wants a better life,
All his English days he voted Labour
But he thinks that Labour didn't vote for him,
And now he only wants to see his saviour
Sweet Jamaica.

That old man
Shall die in Kensal Rise
He knows it,
You know it
But don't tell him.

Parents Today

The problem with children today
Is their parents,
The problem with their parents
Was their parents,
And their parents had big problems
With their parents.

Parents lead children astray
So parents should pay,
Where are the parents
That taught innocent children
Smart bomb creation,
Who taught children how to succeed
In the Slave Trade,
Who on earth taught lost explorers
How to discover ancient civilisations.

Whose parents dare to
Send other parents
To war
Creating
Single
Parents?
Where are the parents?

Parents were sitting at home
Whilst parents burnt the city,
Parents were sent to stop parents
Burn the city,
Parents preach that parents are the problem
And parents told the preacher he was wrong,
And now that parents are on the agenda,
Parents are after the parents vote
And they will get it
One way or the other.

The Curse of Count Empire

I am looking at your soul
As you're selling it out
I am looking at you straight
As you mess me about,
I am looking at your future
I am looking at your past
I am looking at you looking at me
Through the looking glass,
As I look into your eye
I see another lie,
I look into your closet
And I see another spy,
I wonder why you are not
Looking at you,
Because you gotta know yourself.

You gotta feel yourself
And let go
You gotta know you reap
What you sow,
You gotta feel something
At some time,
Check the writings on the wall
And look into the sign,
You're spending all your money
On games that never work,
You're wasting all your energy
And everywhere it hurts,
God it really hurts
Yes it really hurts,
You gotta know yourself.

If you spit in de sky
It could fall in your eye
You see what goes up comes down
You will die looking out
If you're not looking in

You just gotta know yourself.

I am looking at your pastures
And they were never green,
I am looking for your justice
And it cannot be seen,
I am checking where you're coming from
And where you're going to,
I am checking out what you have done
To see what you can do,
I am looking at your law books
And they were never red,
I am looking at your locks boy
And they cannot be dread,
I am looking at your empire
Slipping down the drain
Hey, you gotta know yourself.

My sister said you are a vampire
And you feed on the life of a pure heart
A metaphor for empire
You suck the life from goodness,
A kinda Dracula
Feeding on the life found in a pure heart
A half dead vampire
How you made bad the goodness.

Well empires come and empires go
Another lesson to be learnt
Another history to know,
Every tree is known by the fruit it bears
And I see no love anywhere you appear,
My sister calls you England
Dis is not the past
New England.

Art

Poems are read my love
Sad songs are blue
Love songs are sweet my love
And all great art is true.

Words

Thunder makes me thunder
Lightning makes me light
Poems make me wonder
About the words I write.

Hope

Folk like me think
Is there hope?
When folk like me
Are scared to vote.

Mad Human Disease

U - ME + £ + $
Often referred to as Blind Consumerism

An infectious mental disease caused by a virus which attacks the soft tissues of the brain.
Characteristics of the condition have been known to transmit from one generation to another with the rich and educated being the most susceptible persons.
Mutations in the virus are frequent and the immunity usually does not affect new, antigenically different strains.
Sufferers will do anything for money and early signs of the condition are:

1) Working for a living and not really living.
2) Reading newspapers that don't make sense and believing them.
3) Inflammation of the ego for no reason at all.
4) Voluntary twitching of facial muscles producing plastic smiles.
5) Progressive healthyfoodaphobia.
6) The feeding of brains and testicles to vegetarian cows.

Aggression is increased in immunocompromised persons and a form of illusion known as 'the God complex' will occur.
It is not advisable to see your doctor concerning the condition because most doctors are known sufferers.
Recommended treatment: a serious intake of common sense which is now available without prescription.

CAUTION
A European ban is not a permanent cure.

Master, Master

Master master drank a toast
And dreamt of easy tea,
He gave to you a Holy Ghost,
        Come children see.

From Liverpool on sinking ships
Blessed by a monarchy,
To Africa the hypocrites,
        Come children see.

Master master worked the slave
Who ran for liberty,
The master made us perm and shave,
        Come children see.

If slave drivers be men of words
We curse that poetry,
Its roots you'll find are so absurd,
        Come children see.

Master master's sons drill oil
It's all his legacy,
They put the devil in the soil,
        Come children see.

Fear not his science or his gun
Just know what you can be,
And children we shall overcome,
        Come children see.

Tis true that we have not now chains
Yet we were never free,
Still master's chains corrupt our brains,
        Come children see.

A word is slave for man is man
What's done is slavery,
The evils of the clan that can,
Come children see.

Master master worked the slave
The upright sort was he,
That boy dug master master's grave
Come children see.

Some now await a judgement day
To know his penalty,
It's blood and fire anyway,
Come children see.

Cybersex

I heard dat out in cyberspace
There is a very special place
Where you can go and have a taste
Of three-dimensional love.

When I heard dis I said all right
I have to taste this new delight
I had to find that love web site
For three-dimensional love.

I found a hacker jacking-in
With a friendly server serving him
I surf because I cannot swim
For three-dimensional love.

My modem waz performing fine
The clock said it was cybertime
All my emotions went on line
For three-dimensional love.

In virtual reality
The database waz dating me
I still kept my virginity
For three-dimensional love.

High without any narcotics
In search of some cyberotics
I search through all related topics
On three-dimensional love.

I found it, it was so attractive
Its interface was just perfective
And we got very interactive
On three-dimensional love.

I felt my mouse go wild and spasm
This is not no pleonasm
We blew a great big cyborgasm
Sweet three-dimensional love.

Ageism

I am an old scribe
From a long time,
With a restless mind
And Rastafari eyes.

I am the world you forget
(Or choose to erase),
The one you fear
In your sleep.

I am the memory
That you don't discuss,
Check my kind
I am your future.

I am your place of birth,
I am your good news,
Whose millennium are you?

I am not a star
Just a universe,
I am not just me
Still I am.

I am a way of life
With countless days,
I bring seasons
As I speak.

I am the I you debated
And I created
The hours before your time.

I am an old scribe,
From the first tribe,
Whose millennium are you?

Acts of Parliament: *motion 1*

Kissing de baby
Helping de poor
Helping old ladies
Giving us more,
Controlling inflation
Controlling the streets
Serving the nation
Denying defeats,
Dining with tyrants
Smiling on cue
Not liking violence
Caring for you,
Loving his woman
Loving her man
Being a human
And touring Japan,
Going to mosque
Going to church
Appearing on *Frost*
And doing research,
Wearing a poppy
Flying the flag
Supporting industry
Bombing Baghdad,
Visiting schools
And hospital wards
Observing rules
And more visits abroad,
The show just goes on
These are hard acts to follow
We're watching the con
It's on TV tomorrow.

Acts of Parliament: *motion 2*

John Major announced
Something.
Tony Blair said
Something.
Betty Boothroyd rose from her seat
And expounded
Something.
Something was debated
And something was agreed
And that was nothing.

Some times some things
Need
Changing.
Some things some times
Need something.
And politicians are
Something
Else.

The next time you see a politician
Tell them
Something.
And if you are visualistic
Show them
Something.
Today in Parliament
Something was made out of nothing
And nobody kept saying something.

Acts of Parliament: *motion 3*

Today in the House of the Lords
A busker waz strumming some chords,
When a Lord and Lady
Who both share a baby
Accompanied him with their snores.

The President Is Dead Again

for Ken Saro-Wiwa and his comrades

Believe me Mr President General
Some Africans want to die at home

These are not lazy men
These are men of words
The men your people luv
So now boss
Point your guns at your paymaster
And
Shoot,
Take your British arms and
Shoot
Your feet,
Watch your blood and the soil fraternise,
This soil is dead already.

Your corporate friends and city planners have died
Like the soil you killed
They be
Dead, dead, dead
How does it feel to be unburied
Or unincinerated?

President General and friends
Some Africans want to die at home
A natural death
With drummers and the tribe at hand.

A hummingbird tells me dat
Your jails are full of activists
Activists dat are full of life,
The vendor who sold you dat
Pretty, pretty, work of art
And the palace for its comfort
Cannot sell you the silence of the earth community
Or a silent history of your deeds,

Hence I see a day dead Mr President
When your very lovers shall look to earth
Asking
Why?
Look

Look
Check dis
We are watching you,
You do dark we see light
After all,
We are the world.

How many prisoners throats can you cut before you reach hell?
How many children can you stop from growing up?
And remember now
Your business friends will leave you
They will be
Gone,
Gone,
Gone,
Long before your financial returns.

De brothers on de streets who sey respect
Sey no respect
Because yu disrespect
And
A hummingbird tells me dat
Worms are eating you
Before you eat the worms,
You really need to be buried.

Why?
You a warrior wid a poxy mind
Why
Hang your doctor?
And when your death is so wordless
Why send your historians to Western capitals?
Listen, listen
Listen to me man

Run, run, run
Find a planet wid no Africa
And act White
De devil will luv you.

Believe me Mr President General
Some Africans want to die at home

Let me introduce you to the mothers

They run the universities
What future do you have for them?
Say now
Tell the BBC,
Then
Cry, cry, cry
All the way to the bank.

Mr President General you suck.
A burning spear is here
It came from within
To burn your serenity,
So sit on your throne
Godlike for now
Because you will not be celebrated
You suck presidentially
And the universe knows it.

How come you so educated
But you know not the size of Africa
You foolish sucker,
Your dream of being Mr Nigeria is foolish too
Listen,
Read,
Tek dis in,
Hell is no fun so
Breathe in
Burn yourself,
You will have no wages to pay
And no one will care,

Breathe in
Get your fire on the double,
Let me assure you that you will be
Remembered
For
Something.

Bad night Mr President
Don't have faith
Don't hope
And do not wish for forgiveness
Juss
Run, run, run
As slowly as you can

And
You may be buried soon,
All alone,
Your corporate friends will be like you
Elsewhere,
And
Those singers and those poets
Will
Appear.

Independence

No house
No money
No milk
No honey
But dis land is ours.

No bricks
No mortar
No private water,
No roads
No signs
No enemy mines,
No work
No play
Just dried up clay,
But what?
Dis land is ours.

That little piece of sun is ours
We borrow clouds from neighbours,
We got air
We got we
No industry
But we are free
And asking you no favours.

And who are you anyway?
What is your bank?

What is a gun?
What's meant by your rank?

Why do you have
That lust in your eyes?

Your holy book says
You're a typical lie.

No sweat
No pain
No MATERial gain,
But what?
Dis land is ours,
No wars to do
Dat's right
No you.

Sail on
Dis land is ours.

De Queen an I

It's nice to know dat de Queen
Sits at home studying me.
She study me history,
Wea me born
Me roots an fruits.
An when me go rave
De Queen an I are intellectually engaged.
She study me anatomy
She check out how me sexy,
She check me riddim an me rhyme
Me sleeping times,
I know she'll check dis
And she always check dat
She study me so much
Mek me proud to be Black.

Sometimes she will blow a fuse
When she get confuse by de news
Sometimes I know she want to talk to me
But de bodyguards will get jealous yu see,
So she treat me like a kinda

Open University
An study me casually.

Me Republican frens sey
If she study thee
Den study she,
But I done study she
Way back in 1983.
Frens sey
Examine her
But me check her out already
Now she studying Reggae,
I nar tell no lie
She a study Rastafari, guy.

Me is de Queen's book a bedtime
Her morning service
Her vital muse,
I don't know
Why it's so
I is just
De one she chose.
Me is her favourite lesson
Her liberation
Her poetry,
She don't like guys messin
I may be guessin
But I think dat's why she study me.

One is humble
One is honoured
One will never object
I am so happy
Dat she chose me
I am de Queen's subject.

Walking Black Home

That day waz
A bad day,

I walked for
Many miles,

Unlike me,
I did not

Return any
Smiles.

Tired,

Weak
And
Hungry,

But I
Would not
Turn

Back,

Sometimes it's hard
To get a taxi
When you're Black.

Self Defence

Rights fe Whites shout de BNP
An dem strategy is fe kill we,
We sey
We ago fight dem all de way,
Self defence is no offence
We will not simply run.

Ain't no Black in de Union Jack,
We stand an defend any attack,
Too many parents are crying
Because their children are dying,
And we can't get any protection
From a force wid racist connections,
As LKJ did say
We must stand and drive dem away,
Self defence is no offence
We will do what must be done.

It's a case of us and dem
Our lives we must defend
From de East End of London
To de Highlands of Scotland
We will fight dem to de end,
Self defence is no offence
We only have ourselves.

We only want peace but
Here comes de beast
Ignoring de truths and de facts,
Attacking de weak out on de streets
And we nar tolerate dat,
Self defence is no offence and
We can't wait fe no one else.

Tax Relief

Keep holding on it's cummin
Hang on
It's cummin soon,
Keep holding on it's cummin
Tax today
Jam tomorrow.

Now just hold on it's cummin
Soon cum
De day is soon,
Keep hold on it cummin
Tax today
Jam tomorrow.

Tomorrow will be cummin
Invest in jam today
Keep holding on it's cummin,
Jam tomorrow
Jam tomorrow
Jam tomorrow
Tax today.

Heckling Miss Lou

Kiss me neck
Dat one deh sweet,
Chat dat poem again Miss Lou,
Lard me God
Dat verse deh hard,
Run it wan more time.
Blouse an skirt bowy
What a rhyme,
Rewind an lyric again Miss Lou,
Jesus Christ
What good advice,
Cum wid a noddor line.

Whip I wid dat wicked word style
Move I wid yu riddim,
When yu done juss ress a while
Den start from de beginnin,
Teach me, touch me, test me,
Yu wordologist yu,
An when yu done unstress me
Poetically
Miss Lou.

Miss Lou (Louise Bennett) is the Queen of all we Dub, Reggae or Performance Poets. To overstand the poetry of Jamaica or its offspring you have to check out Miss Lou.

Childless

Strong biceps
Firm thighs,
Big bottom
Sexy eyes,
Fast
On the track,
Strong like
A lion,
Good Kung-fu feet
And healthy hair.

Strong triceps
No lie,
Rhymster
Nice guy,
A good healthy back
Great levels of iron,
There must be a baby
In there
Somewhere,
There must be
A baby
In here.

Too Black, Too Strong

(2001)

For Rada Gungaloo

A woman that works from the heart,
Because she loves and because she feels.

May all our women be free.

WHAT AM I GOING ON ABOUT?

Britain is a wonderful place. It is a nation of shopkeepers, aristocrats, farmers and animal lovers, all at the same time. It has the 'mother of all parliaments', its inhabitants enjoy 'free speech' and the right to vote in open elections and it is so confident that it doesn't need a written constitution. Its cities are havens for the young; they pulsate to the music of the world, and though the skies may be grey for much of the year the streets are coloured by its people who now talk about 'raving' just as much as they talk about the weather. The cities 'rock'. The same can be said for many of its towns; they may not have received the title of 'city' from the Crown or be the 'seat of a bishop', but they still have the attitude and the rhythm of the city. Above all the capital city shines magnificent through its pollution; it is amongst the heavyweights of cities: here it is estimated that over three hundred languages are spoken. But Britain is not just a collection of cities. The quaint beauty of the Lake District continues to inspire poets, and the grandeur of the Scottish mountains is famous all over the world. I have always admired the splendour of the Welsh Valleys; it seems to me this area represents both the picturesque and industrial side by side, for it is here that many of the nation's coalmines are to be found. In fact many of those coalmines were closed down in the 1980s and they have now become tourist attractions, and a chosen few coal miners who were once doomed to a life of unemployment are now paid to show you what they used to do. The same fate has fallen upon coalmines all over Britain. But Britain is not just a collection of unused coalmines or museums, what of British culture?

Well, to date, Britain has 21% of all major Oscars; 13% of television programmes shown at peak times worldwide are made in Britain; our pop music keeps conquering America; everyone knows of William Shakespeare and the Brontë Sisters, but what of the Teletubbies? Well they are one of the biggest single export products ever. All of the above represent an idea of Britain; we pick what we want to represent us depending on what type of 'subject' we are. The title of British means many things to many people; some choose to remain forever nostalgic for its 'days of former greatness' when Shakespeare was *Top of the Pops* and the sun never set on the empire, whilst for others it's about the melting pot, bursting with vitality and smiling multiculturalism. The latter will tell you that it is the great British Indian curry that binds us together; these people are out to carve out a new idea of Britishness and feel hindered by those whose only purpose is to preserve the past. We are all imagining Britain, but that's a luxury, what's the reality?

It is a place where African-Caribbean women make up 14% of the female prison population, whereas African-Caribbean people as a whole only make up 1.3% of the population of Britain. African-Caribbean and Asian people together make up 5.6% of country's population but 16% of the prison population. Anybody who knows anything about Britain knows that you are five times more likely to be stopped and searched by the police if you are African-Caribbean; it's also worth knowing that over 130,000 racist attacks happened in the year 2000. These figures weren't given to me by friends and family, these are official figures, government figures, the Commission for Racial Equality figures, and anybody who knows anything about official figures will also know they usually fall very short of the mark.

Many of us Brits are easily deceived; even I used to believe that the country was becoming overcrowded and the reason why so many Asians open corner-shops was that they didn't have the education to do anything else. The truth is that in the year 2000, 11,000 more people left Britain than entered, and over half of those given work permits were from the USA; and one out of every five Asian shopkeepers has a university degree: when asked almost every one of them said they opened up their own business because of racial discrimination by employers.

What refugees? From being totally uninhabited Britain has constantly taken in new visitors, be they Picts, Celts, Angles, Saxons, Chinese, Jamaicans, Jutes, Huguenots. All of them, with the possible exception of the Romans can be classed as refugees of one type or another. Some were fleeing religious persecution, others political persecution or racial persecution; some were even fleeing persecution from the weather, e.g. hurricanes and floods, but we all came here from somewhere. So in theory Britain should be the last place on earth where you should find racism. But the reality is that many people are suffering from what I call the 'last off the boat syndrome'. They conveniently forget their journey here and now live in the fear that Britain will be flooded by penniless asylum seekers who would then drain our precious society of everything they hold dear. The reality is that 30% of refugees have left professional jobs, 10% held managerial positions and only around 5% are unskilled. The reality is that refugees built the National Health Service, refugees built our roads, they clean our cars, and when given the chance new refugees contribute disproportionately to the economy because they have seen hardship and suffering and view economic success as a way of repaying their country of refuge.

Now let's go global. We live in a world where one in four people live in a state of absolute poverty; 35,000 children die each day because they are born to poor parents; each year 24,000 people are killed and maimed by landmines; and when you hear the information-rich telling you that the world is 'wired' and getting smaller, remember that most of the people on this planet have never even made a phone call. Do we communicate more? Well, the world stayed silent when the slave trade was making money; the world stayed silent when the Nazis started to kill trade unionists, disabled people, gays and Jews; and now, in the age of the global village and mass communication, the world is staying silent as the Palestinians are being annihilated. Countries are ostracised, isolated and starved of funds if they do not allow McDonalds to set up burger shops on their best spots on their best high streets, or if they do not allow the World Bank to dominate their poorest farmers.

Now this may not seem like the foreword of a collection of poems but it is important to me that the reader 'overstands' the political landscape these poems are written in. I know that I risk being accused of being out of step with the current 'artistic culture' prevalent in Britain today, but the thing is I don't have an identity crisis, and I have no wish to write to win awards. I am told that things could be easier for me if I 'played the game' but I could never stand on a platform and honestly say that the height of my career was receiving an OBE, and in an environment where the artist is scorned for being political, I have to confess that I still believe that there are things that are more important than me or my poetry. We are allowed to shock, we can be outrageous, or if we want to act like we care we can do Band Aid, Live Aid and Comic Relief, but when we want to confront the dictators, the arms traders and deal with the 'cause', we are confronted with a cut in our grants or a tearing-up of our contracts. For the time being the poet is no longer the 'unofficial legislator' (to use Shelley's phrase): that's the guy who makes the commercials; the art that sells is now the art of selling. Most people don't care what the product is, but it must be delivered in the right package; you are a member of a target audience. Yes I have let down those who believed that it would not be long before I sat down with them for endless sessions of intellectual masturbation. I just feel a sense of urgency and I may not be right but I feel that (my) poetry has a purpose, well many purposes.

These poems are about how I feel now. On one hand I think it my duty to travel the world for The British Council and other organisations, speaking my mind as I go, ranting, prais-ing and criticising everything that makes me who I am, but this is what Britain can do. It is probably one of the only places that can take an angry, illiterate, uneducated, ex-hustler, rebellious Rastafarian and give him the opportunity to represent the country. On the other hand I also feel concerned that in the country of my birth my rights are ignored. In this multicultural, multiracial country, its prisons, its courts, even its hospitals don't recognise my religion or cultural heritage. Although I'm not a religious Rastafarian, if I am in prison – at a time when I would need guidance most – I am not allowed religious books, or visits from church elders, I am just not recognised. But the Universal Declaration of Human Rights, Article 18 tells me that I have the right to believe in any religion – or none at all – and that I have the right to practise and teach my religious beliefs. If I can't practise my religion at home, in school or even in prison, where do I go? Must I seek asylum in a foreign country?

Here is a poet who won't stay silent. I live in two places, Britain and the world, and it is my duty to question and explore the state of justice in both of them. When racists express their racism they do not make allowances according to our ethnicity, they do not beat one person harder than another because they have a darker skin. In Britain today many Kosovan refugees are being racially abused and attacked on our streets but they are not being let off lightly because they don't wear saris. This is why when I say 'Black' it means more than skin colour, I include Romany, Iraqi, Indians, Kurds, Palestinians, all those that are treated Black by the united white states. I can hear cries of 'What?' already, but I have to say the suffering I have witnessed means that my conscience allows me to include the battered White woman, the tree dwellers and the Irish; the Irish after all are the largest immigrant group in Britain, and I still remember the notices that said 'No Blacks, No Irish, No dogs'. My Black is profound. I have been in parts of Africa where I have been referred to as 'coloured'; how hurtful that would have been if I simply defined my struggle by the amount of melanin in my skin. In Jamaica we refer to people as brown or red yet we know that we are all Black. More importantly, on my first trip to South Africa just after the official lifting of apartheid, I was surprised to learn how many different groups of White people there were and how divided they were amongst themselves, but then when it came to dealing with Black people they were White people united. The oppressors know how to unite, the oppressed must unite. My 'strong' is the strength that we get when we stand up and get counted as opposed to sitting in 'workshops' and applying for lottery money. When I say *Too Black, Too Strong*, I mean unity is strength, I mean 'true' free speech, I mean no justice, no peace. In 1771, 106 ships from Liverpool transported 28,000 slaves 'to' Britain, but whilst Britain has tried to retrieve Nazi loot, to bring Nazis to trial, to make the Japanese pay compensation and say sorry etc., it has never dealt with its own legacy of slavery. I would never claim to speak for the African-Caribbean community, I just happen to be one of them, but I want full recognition of how slavery raped, murdered and stigmatised us, and I know a few others that do. Africans around the world are still suffering from slavery today and, one day Britain will have to wake up and face the nightmare it induced. We are not going away.

As I grew up in the Rastafarian community in Birmingham, England, I dreamt of the day when I would be able to leave Britain (Babylon) and return to 'Africa' (Zion), the motherland. Ironically, I now visit the motherland at least twice a year and the truth is that the more I travel, the more I love Britain; and it is because I love the place that I fight for my rights here. If it were simply a case of hating the place and all that it stood for, then I would have left when I first got expelled from school. I want the 'project' to work. The day will come when we move from the margins and come to the centre; I just want it to be today.

Bought and Sold

Smart big awards and prize money
Is killing off black poetry
It's not censors or dictators that are cutting up our art.
The lure of meeting royalty
And touching high society
Is damping creativity and eating at our heart.

The ancestors would turn in graves,
Those poor black folk that once were slaves would wonder
How our souls were sold
And check our strategies.
The empire strikes back and waves,
Tamed warriors bow on parades,
When they have done what they've been told
They get their OBEs.

Don't take my word, go check the verse
'Cause every laureate gets worse,
A family that you cannot fault as muse will mess your mind,
And yeah, you may fatten your purse
And surely they will check you first when subjects need to be amused
With paid-for prose and rhymes.

Take your prize, now write more,
Faster,
Fuck the truth
Now you're an actor do not fault your benefactor,
Write, publish and review,
You look like a dreadlocks Rasta,
You look like a ghetto blaster,
But you can't diss your paymaster
And bite the hand that feeds you.

What happened to the verse of fire
Cursing cool the empire?
What happened to the soul rebel that Marley had in mind,
This bloodstained, stolen empire rewards you and you conspire

(Yes Marley said that time will tell)
Now look they've gone and joined.

We keep getting this beating,
It's bad history repeating,
It reminds me of those capitalists that say
'Look you have a choice'.
It's sick and self-defeating if our dispossessed keep weeping
And we give these awards meaning
But we end up with no voice.

What If

If you can keep your money when governments about you
Are losing theirs and blaming it on you,
If you can trust your neighbour when they trust not you
And they be very nosy too;
If you can await the warm delights of summer
Then summer comes and goes with sun not seen,
And pay so much for drinking water
Knowing that the water is unclean.

If you seek peace in times of war creation,
And you can see that oil merchants are to blame,
If you can meet a pimp or politician,
And treat those two impostors just the same;
If you cannot bear dis-united nations
And you think dis new world order is a trick,
If you've ever tried to build good race relations,
And watch bad policing mess your work up quick.

If you can make one heap of all your savings
And risk buying a small house and a plot,
Then sit back and watch the economy inflating
Then have to deal with the negative equity you've got;
If you can force your mind and body to continue

When all the social services have gone,
If you struggle on when there is nothing in you,
Except the knowledge that justice cannot be wrong.

If you can speak the truth to common people
Or walk with Kings and Queens and live no lie,
If you can see how power can be evil
And know that every censor is a spy;
If you can fill an unforgiving lifetime
With years of working hard to make ends meet,
You may not be wealthy but I am sure you will find
That you can hold your head high as you walk the streets.

Breakfast in East Timor

Ana Pereira is chewing bloodstained oats
In a home-made home in East Timor.
This morning she woke up to a shower
Of bloodstained rain and the smell of common death.
She prayed uncontrollably to a European version of Jesus
Christ, then she went to visit her sister's grave.

She visits her sister's grave every day.

As she was returning home she purchased
An Indonesian newspaper, conceived and printed
In Jakarta. Now at her breakfast table
She is trying to understand why her occupiers
Are so interested in the British royal family,
The politics of the European community
And the peace talks in Northern Ireland.
She just can't understand why the British royal family
Are not interested in the grave of her sister
Or why Europe is so concerned with money.
She wonders what makes new British Labour so proud
Of its women and a thing called an ethical foreign policy.

Ana Pereira has the hands of a man,
Her ears can recognise the sound
Of a loaded Hawk fighter-plane as she sleeps
And her feet are designed to dodge bullets.
You can see her killers in her eyes
And an ever present vigilance in her step.
She has carried all her sisters' coffins
On her reinforced shoulders,
She waved all her brothers goodbye
When they graduated to the rank of militants
And her distinguished stubbornness envies them,
She too wants to be in the hills.

She wants to know where her father is,
She hates bloodstained oats,
And she would love to visit Europe
To see for herself.
For now she will keep remembering,
Negotiating days
Leaving nothing to chance,
Nothing for the Indonesians
And nothing for nothing.

Today's breakfast tastes like yesterday's
And today, the death business continues.
Tomorrow she wants so much to be alive.

What Stephen Lawrence Has Taught Us

We know who the killers are,
We have watched them strut before us
As proud as sick Mussolinis.
We have watched them strut before us
Compassionless and arrogant,
They paraded before us,
Like angels of death
Protected by the law.

It is now an open secret
Black people do not have
Chips on their shoulders,
They just have injustice on their backs
And justice on their minds,
And now we know that the road to liberty
Is as long as the road from slavery.

The death of Stephen Lawrence
Has taught us to love each other
And never to take the tedious task
Of waiting for a bus for granted.
Watching his parents watching the cover-up
Begs the question
What are the trading standards here?
Why are we paying for a police force
That will not work for us?

The death of Stephen Lawrence
Has taught us
That we cannot let the illusion of freedom
Endow us with a false sense of security as we walk the streets,
The whole world can now watch
The academics and the super cops
Struggling to define institutionalised racism
As we continue to die in custody
As we continue emptying our pockets on the pavements,
And we continue to ask ourselves

Why is it so official
That black people are so often killed
Without killers?

We are not talking about war or revenge
We are not talking about hypothetics or possibilities,
We are talking about where we are now
We are talking about how we live now
In dis state
Under dis flag (God Save the Queen),
And God save all those black children who want to grow up
And God save all the brothers and sisters
Who like raving,
Because the death of Stephen Lawrence
Has taught us that racism is easy when
You have friends in high places.
And friends in high places
Have no use whatsoever
When they are not your friends.

Dear Mr Condon,
Pop out of Teletubby land,
And visit reality,
Come to an honest place
And get some advice from your neighbours,
Be enlightened by our community,
Neglect your well-paid ignorance
Because
We know who the killers are.

To Ricky Reel

I don't know how to say dis Ricky
But things are not getting better.
We are trying to protect each other,
We are shouting loud on demonstrations
On the streets, in the halls,
And in churches, mosques and temples.
We have done non-violent things
In silence
On the streets, in the halls
And in churches, mosques and temples.
I think of you every time I see water gi,
I never saw you fight
But you are a martyr gi,
That river that runs beside my first kiss place
Even that river
Reminds me of you gi.
Now every time I see your mother
I think of womanhood
And every time your mother speaks
I hear her cry,
Things are not getting better Ricky.
The bad news is
Your mother is so special
She is unique and precious,
She shines in a galaxy of women,
She is a tender one and only,
But there are so many mothers like her,
That's the bad news Ricky,
There are more mothers crying.
Things went from bad to worse
And then from worse to dis serious sickness.
I have to be really honest with you Ricky man
I don't know who to trust,
I look at white girls and think
Do they want to dance with me or kill me?
I look at white boys and I wonder
Do they want to play football with me

Or drown me?
I look at policemen and wonder what would happen
If I asked them the time?

There is a crisis here,
I'm in trouble Ricky,
I think of you every time I'm out in the dark,
When I see pictures of Marx, Lenin
Or Gandhi
I wonder what can we do for you,
Every time I look at Malcolm X
Clinging to my bedroom wall
I wonder what means are necessary.

There is a great wickedness here
And it thrives on people who do nothing,
It is planted deep in the souls of the serious sick
I don't know how to say dis,
But things are certainly not getting better,
The pacifists are out,
The militants are out
And we will not be defeated,
But it's hard, very hard.
I keep seeing your face in my self
And every time I see your mother
There is a constant
I love you Ricky
In her eyes.

To Michael Menson

There must be some light somewhere
There must be a true other,
There must be more than despair
There must be more my brother,
There must be so much unsaid
There must be an informant,
There must be some truth ahead
There must be a judgement.

There must be a little hope
There must be a truth culture,
There must be ways for us to cope
There must be a just future,
There must be somewhere to go
There must be some movement,
There must be much more to know
There must be a judgement.

There must be ears for our appeal
There must be some progress,
There must be a better deal
There must be more than dis mess,
There must be ways, there must be means
There must be some acknowledgement,
There must be honest go-betweens
There must be a judgement.

It may take God, it may take man
It may take lords of fire,
It may take burning Babylon
It may take something higher,
It may take bad rebellious youth
It may take a sane government,
It may take liars with the truth,
But there must be a judgement.

Having a Word

I have learnt that equality
May not mean freedom,
And freedom
May not mean liberation,
You can vote my friend
And have no democracy.
Being together dear neighbour
May not mean unity,
Your oppressors may give you chances
But no opportunities,
And the state that you are in
May have its state security
Yet you may be stateless
Without protection.

You my friend do not have to follow your leader,
The government does not have to govern you,
I'm telling you Mum, you are greater than the law
If you are just when the law is not.
You see, once you are aware that new Labour
Does not care for the old workers
You may also know that change
May not mean revolution,
Once you realise that old conservatives
Are running out of things to conserve
You may also know that all politicians suck the same.
Babylon must burn,
Burn Babylon, burn.

Politics is like dis,
Life is like dis.
Intelligence may not mean intelligent,
The news may not be new.

From where we are
To be awake
May not mean
To be conscious.

Reminders

'The peace garden is opposite the War Memorial,'
Said the old soldier.

'We had to fight to make the peace
Back in the good old days.'

'No, the War Memorial is opposite the peace garden,'
Said the old pacifist.

'You've had so many wars to end all wars,
Still millions are dying from the wars you left behind.'

'Look,' said the old soldier.
'You chickens stuck your peace garden
In front of our War Memorial to cause non-violent trouble.
This War Memorial is necessary,
It reminds us that people have died for our country.'

'Look,' said the old pacifist,
'In the beginning was the peace
And the peace was with God
And the peace was God,
This peace garden is unnecessary but
It reminds us that people want to live for our country.'

Appeal Dismissed

I can see your fearful tears
Before me on your statement,
From where I sit I can see your dark terrorised skin
Shivering and barely holding your self together,
I can see your gaping scars wide open
Begging for compassion,
And in addition to your evidence
Both documentary and oral
I have before me
The encyclopaedia of your oppression,
I have the names and addresses of your demons.

I don't have to see you dance to know your suffering
I don't have to hear you cry to know that you are crying,
I saw your harassers on the news
I saw your house on fire via satellite,
I have no doubt that you are not tolerated by your neighbours.
But let's face it
You are not a dissident,
You are not even a liar,
You are what I would call a credible witness,
But I have no reason to believe that your persecution was official.

You were not raped because of your dark skin
You were not raped because of your gypsy tongue,
You were raped because you are a woman
And rape is one of the things that can happen to
A woman,
So go home.
You have been the victim of an act of depravity
And you may never love again,
Nevertheless you have only been raped
And in the books that I have read
Rape does not constitute torture,
Not within the ordinary meaning of the word,
So go home
And take your exceptional circumstances with you.

Chant of a Homesick Nigga

There's too much time in dis dark night,
No civilians to hear me wail,
Just ghosts and rats
And there's no light
In dis infernal bloody jail.
I want my Mum
I want my twin
Or any friend that I can kiss,
I know the truth that I live in,
Still I don't want to die like dis.

If I had sword and I had shield
I would defend myself no doubt,
But I am weak
I need a meal or barrister to help me out,
I know my rights
Now tape dis talk
Of course I am downhearted,
Look sucker I can hardly walk
And the interview ain't even started.

You call me nigga, scum and wog
But I won't call you master,
The Home Secretary is not my God,
I trod earth one dread Rasta,
But in dis dumb, unfeeling cell
No decent folk can hear me cry
No God fearers or infidel
Can save me from dis Lex Loci.

There's too much time in dis dark night
And all my ribs are bare and bruised,
I've never dreamt of being white
But I can't bear being abused,
I'm one more nigga on your boot
Dis night you want dis coon to die,

I have not hidden any loot
And you have killed my alibi.

I'm spitting blood,
You're in control,
It's your pleasure to wear me down.
I can't stop thinking
You patrol the streets where folk like me are found,
I do recall how I have seen
Your face in school upon a time
Telling the kids how good you've been
And of the joys of fighting crime.

I'm hanging on for my dear life,
You give me one more injury,
I've just started to feel like
One more Black Death in custody.
I'd love a doctor or a friend
Or any lover I have known,
I see me coming to my end,
Another nigga far from home.

This Be The Worst

They fuck you up, those lords and priests.
  They really mean to, and they do.
They fill themselves at highbrow feasts
  And only leave the crumbs for you.

But they were fucked up long ago
  By tyrants who wore silly gowns,
Who made up what they didn't know
  And gave the masses hand-me-downs.

The rich give misery to the poor.
  It deepens as they hoard their wealth.
They'll be fucked up for ever more,
  So just start thinking for yourself.

Time

All the time of the offence I was at home
The day in question no street did I roam
The alleged offence was nothing of my doing
Can innocence be something that needs proving?

I was minding my own business and quite straight
When the wicked one arrested me with hate
In a cell they gave me water and said 'Cheers'
They gave me Judge and Judge gave me two years.

The Woman Has to Die

There is no photo of her smile
Dis female of Baluchistan,
Since when she was a playful child
She took her orders from a man,
Her free thinking was deemed as sin
Her intellect and will suppressed,
As church and state wallowed deep in
The twisted faith that they professed.

She would have made a lovely bride
But strange love visited her heart,
A strange love from another tribe
He loved her much, him from Kalat,
Ah yes, forbidden love once more
But here the woman has to die,
For here the church and state make sure
Nobody dares to question why.

Her own father employed his son
To shoot his sister as she lay,
And then the father cleaned the gun
Before they both knelt down to pray,
And now the men can rest assured
That madder men will sing their praises,
Now family honour can be restored
As they misquote Koranic phrases.

Damn curse the men and shame on them
Women do not forgive them,
But wish a million deaths to them
These devils are not God's men,
There is no photo of her smile,
To make the evil greater
The only photo of dis child
Was her corpse
In the daily paper.

Kill Them Before Ramadan

Ramadan is a time for reflection
Contemplation and meditation.
It is a time when the Muslims of Iraq
(Like the Muslims of London)
Give thanks for their existence.
The soul is cleansed by prayer (they say)
And the body by fasting,
Families unite in honour of the family.
The Islamic mind now reaffirms
That there is but one God
And God is great.
So we must (we are told)
Kill them before Ramadan.

In the houses of Baghdad
They are preparing to proclaim
That Allah is eternal
Allah is absolute,
The most bountiful
The cherisher,
So before they have the opportunity
To tell him that he is,
Before the gracious and most merciful is praised
We must be merciless.
Before their Korans open their hearts
Before their hearts are filled with their beliefs
We should do the right thing,
We must
Kill them before Ramadan.

Evacuate the Europeans
Let us pray for us,
As Ramadan and Christmas unite
Let our rulers know that God is on our side,
And God knows we love Christmas.
But someone must be unfortunate enough
To live under a rogue regime,

Someone has to be a threat to humanity,
Someone has to be The Other.
Our modern economy paid for modern soldiers,
Brave and fearless teenagers
Resolute and steadfast from the Projects and the Council Estates,
Fearing no one but the president of the world
And the God who made his sex drive,
We must
Kill them before Ramadan.

Great hypocrites shed your plutonium tears,
Make yourself believe that you regret your actions.
Why should you not believe that
Your great Britain is mighty independent
And that every missile is on target,
And every target is military,
And all those innocent victims
Are not really innocent victims?
Why should you not believe
That the only innocent victims
Are your innocent victims?
Great hypocrites
Tell your children that you are right,
Make sure they have more than enough clean drinking water
Candy at the appropriate times
And do not forget to set the central heating correctly.
Let them enjoy their childhood,
Do not tell them that Iraqi children shit themselves
Every time the President of the United States has an erection.
Let us slide into our tabloid truth
Let us impress the Israelis,
Let us pray to God and ask him to bless our boys,
Let us remember that some Iraqis are Christians,
Let us kill them before Ramadan.

In London and Glasgow
In New York and Boston
Wives wait in agony
Mothers are on edge,
Professors of war studies

And lecturers of modern history all agree,
Saddam is bad
Saddam is bad.
In London and Glasgow
In New York and Boston
Muslims are praying in agony
Muslims are living on the edge,
And the Muslims
And the Christians all agree,
War is bad
War is bad.

The 'Desert Fox' is no longer sly but illogical,
It kills with confidence and no longer requires a UN mandate,
Left in a corner to dry 'The Allies' are an unnecessary umbrella now.
As the president is impeached
And bombs are decorated in Kuwait
We must tell our enemy that we know
God created them from a mere clot of congealed blood,
Let us tell them that we too believe in Allah,
We too have stories about Abraham, Jacob, Isaac and the tribes,
We even have Muslim friends
And token Muslim lords and ladies.
Let them know this is our globalisation,
And let them know
Dis is not a war, dis is a bombing,
But we do not want to hurt their holiness
Intrude on their spirituality
Or disrespect their religion
So we must
Kill them before Ramadan.

Oh my God it's Ramadan.

Dear Soldier
Would you like the opportunity to earn some overtime pay?

The Empire Comes Back

The Black presence in Britain has a very long history yet little is known of it and it has received very little recognition. Many historians believe that travellers from Africa arrived here when most the inhabitants were troglodytes, it is said that on encountering the climate they turned around and went home. There is also tangible evidence that Black people were here with the Romans and that there were large black communities before they were deported by Elizabeth I back in the 16th century.

On Wednesday 21st June 1948 the troop ship SS *Empire Windrush* arrived in Tilbury Dock, England. Many of the passengers on board were ex-servicemen from the Caribbean who had recently fought for Britain during the 2nd Great European war, aka World War II. The great wave of post-war migration from the Caribbean to Britain can be said to have begun with the arrival of the Empire Windrush. Three weeks after their arrival a young reporter called Peter Fryer wrote an article in a national newspaper that carried the headline 'The men from Jamaica are settling down'. It was an update on the progress being made by the passengers of the ship, but like many of the press reports of the time it overlooked the fact that not all of the passengers on the Windrush were Jamaican, and not all were men.

I have been fortunate enough to have become friends with Peter Fryer and when I made it known to him that I had used the title of his article as the title and the reference point for my poem on the *Windrush*, he said that we need as many people as possible keeping the memory of the *Windrush* alive, and that he welcomed a poetic eye on the subject.

The poem started as a commission for an independent television company called Crucial Films who were working on behalf of the BBC. On receiving the first draft of the poem a representative from Crucial Films told me that they thought it was a 'wonderful piece' but they would not be using it because they felt that the last few stanzas of the poem were too 'political' and too 'confrontational'; what they were looking for I was told was 'something a bit more celebrational'. I then sent the poem to Arthur Torrington, the Secretary of the Windrush Foundation to check its accuracy and for general comment, I will not repeat what he wrote in reply, that would sound too much like self-praise, suffice to say that he and the foundation had no problems with the political tone or the attitude of the poem.

The Men from Jamaica Are Settling Down

From de land of wood an water
Came they to where de air waz cold,
Dem come to work wid bricks an mortar
They heard de streets were paved wid gold,
From de land of fish an ackee
To de land of fish an chips came they,
Touching on a new reality
Where de sky waz white an grey.

Came they to here wid countless dreams
Came they to here wid countless fears,
In dis drama of many themes
Each one of dem were pioneers,
Each one of dem a living witness
Each one of dem truly profound,
A newspaper said people hear dis
The men from Jamaica are settling down.

The men from Jamaica had come wid their music
The men from Jamaica had come wid their vibe
The men from Jamaica had come wid their prophets
To help keep their past an their future alive,
So to de great future they went dedicated
De great mother country waz begging for more,
De prophets had warned it may get complicated
They said dat there waz no equality law.

There waz no ackee an there waz no salt fish
There waz no star apple an no callaoo,
Soon there waz no time to dream, wonder or wish
There waz so much community building to do,
An back in Jamaica they waited for letters
Where there were no letters, rumours were abound,
But de newspaper said it was going to get better
The men from Jamaica are settling down.

They went to de foundries, they went to de factories
They went to de cities these true country folk,
An when they got down to de true nitty gritty
These true country lungs were soon covered wid smoke,
Some dreamt of Jamaica, some dreamt of their wives
Some dreamt of returning to bring something home,
Some prayed to de God, an they asked de God why
The men from Jamaica should struggle alone.

De struggle waz human, de struggle waz being
De struggle waz charting uncharted territory,
De struggle waz opening up an then seeing
De struggle ahead for de community,
De struggle waz knowing de here an de now
An what kind of struggles were now to be found,
Still nobody knew just exactly how
The men from Jamaica were settling down.

Officially four hundred an ninety-two came
On June twenty-one nineteen forty-eight,
But officials were playing a false numbers game
Now it's up to de people to put records straight,
We now know there were more than eight stowaways
An now we know women amongst dem were found,
Still a newspaper said after just a few days
That the men from Jamaica were settling down.

We know that there were other lands represented
An de women survived just as well as de men,
An we know that our history will be re-invented
If we do not write truthfully wid de Black pen,
Consider de struggles that took place before us
Tune into de bygone an try to relate
To the brave folk that came on de *Empire Windrush*
On June twenty one nineteen forty-eight.

Soon there were more ships, an more ships an more ships
Peopled wid colourful Caribbean folk,
Men, women an children were making these trips
Each one of dem carrying ship loads of hope,
From all of de islands they came to dis island
De National Health Service waz so welcoming
An de movietone voice said that things were quite grand
As the men from Jamaica were settling in.

Dis waz de new world, dis waz de white world,
Dis waz de world they had been fighting for,
Dis they were told waz de righteous an free world
Dis waz de reason they had gone to war,
Dis waz de land of de hope an de glory
Dis waz de land of pleasant pastures green,
Dis waz de royal land, dis waz democracy
Where many Jamaicans were proud to be seen.

But it did not take long for de racists an fascists
To show ugly heads as de wicked will do,
Quite soon de arrivants had learnt to resist
An quite soon they were dealing wid subjects taboo,
Blacks in de unions, blacks in de dances
Whites wid black neighbours an black civil rights,
The men from Jamaica were taking no chances
The men from Jamaica were not turning white.

Race riots in Notting Hill Gate said de headline
De cameras were there as de flames burnt about,
De fighters for race were establishing front lines
As de great British welcome just seemed to fall out,
Race riots in Nottingham City an Bristol
Race riots in Cardiff an sweet Camden Town,
De newspapers said it was dreadful an shameful
But the men from Jamaica were settling down.

The men from Jamaica would not die in silence
The men from Jamaica just got radical,
To counter de negative Teddy Boy violence
They created blues dances an carnival,
The men from Jamaica were steadfast an growing
Despite Commonwealth immigration controls,
They learnt a few lessons an soon they were knowing
That there were no streets paved wid silver or gold.

A new generation rose up from these fighters
A new generation wid roots everywhere,
A new generation of buildings an writers
A new generation wid built in No Fear,
They too fought de Nazis, they too put out fires
They too want to broaden their vision an scope,
They too need fresh water for burning desires
The men from Jamaica are so full of hope.

De future is not made of ships anymore
De future is made up of what we can do,
We still haven't got all that freedom galore
An there's all those ambitions that we muss pursue,
De past is a place that is ours for all time
There are many discoveries there to be made,
An if you are happily towing de line
Be aware of de price your ancestors have paid.

Black pioneers came on de *Empire Windrush*
On June twenty-one nineteen forty-eight,
These souls were titanic, these minds were adventurous
They came from de sunshine to participate,
They are de leaders, they are de home makers
They have been upfront since their ship came aground,
But in-between lines you'll still read in de papers
The men from Jamaica are settling down.

I Neva Shot de Sheriff

'Twaz broad daylight,
Kool breeze waz
Blowing
Going
East, north, south
West.
Me mind waz fine
Relatively speaking,
Me body waz
Present,
An Natty Dread me deputy waz
As always
Chilled.

It happened quick,
Professionally done
We knew exactly wot hit us.

De sheriff shot I an me
An den he shot me deputy.

For a moment we forgot dat we
Represented
Sum criminal statistics
Bout black male violence,
An
Black male sexuality
An
Black male lack of finance

Word on TV is,
'Twaz a precautionary measure,
A softly softly tactic,
Word on de street is,
De city wazn't big enough
Fe all of us.

'Twaz two black males
Gainst four white cops
Wid six work guns
An two cop coconuts.
Blacks wid badges
Blacks wid something to prove
Blacks wid white dreams
Blacks who fear blacks
Blacks who
Nightmare black,
Payrolled blacks
Who want to
Work it from de inside,
See no future on de outside,
Blacks who want to
Represent.

Represent what?
When me, I, and me deputy
Lay on de metropolitan pavement
Didn't hear no black cop saying
I represent yu brother
I feel fe yu brother,
All I heard waz,
'I'm doing ma job
I'm doing ma job.'
When I waz
De coon under suspicion,
De coon under foot,
Didn't hear no black cop saying,
'Dats ma coon brother
I'm a coon too.'
Didn't hear yu crying when

De sheriff shot I an me
An den he shot me deputy.

When I am wounded
I do crazy tings.
As I lay on de metropolitan pavement

I shouted,
'HELP
TAXI
PROSTITUTE
JEHOVAH WITNESS,
ANYBODY.'
Me deputy waz searching for
His driving licence
An talking to Malcolm X.
I'm looking at the stone in front of me
Wondering
If dis be me gravestone.
I had dat ded feeling in me mouth
An dat legless feeling
In me arms.
I saw me red freedom
Gushing out of me.
The universe meant nothing to me then
The church means nothing to me now.
All those joint ventures
Community liaisons party
An all those expensive publicity stunts
Mean bitter nothing.
'Cause

De sheriff shot I an me
An den he shot me deputy.

I had
A burst of angry words
I flashed lyrical fire.
I have
Too many ded sisters
Too many ded brothers
Me children dem nervous
An I have too many dying ideals.

I have too many video recordings
Of official apologies
Official denials

An straight forward lies,
I hav too many poems
About not enough truth
An now I hav a bullet.

We don't want to die like dis.

I, me, an me deputy waz
Looking forwards to
Citizenship.
We want to grow up…
We just wanted to grow up,
But maybe we asked for too much.
My mother took me by the scruff of me neck
To a notice painted on our side of town dat reads,
'The authorities are not here
to love you sucker,'
Den she cried a black mother cry.

Times hav changed
Since
Robert Marley shot the sheriff.

De sheriff shot I an me
An den he shot me deputy.

An we are still waiting
For our public enquiry.

Carnival Days

On days like these we dance to us,
With the drum beat of liberation
Under the close cover of European skies,
We dance like true survivors
We dance to the sounds of our dreams.
In the mirror we see
Rainbow people on the beat,
Everyday carnival folk like we.

Adorned in the colours of life
We let it be known that our costumes
Were not made by miracles,
We are the miracles
(And we are still here).
These giants were made by the fingers you see
(Too many to count)
Carried by these feet that dance
In accordance to the rhythms we weave.
On days like these we dance the moon.

On days like these we dance like freedom,
Like the freedom we carried in our hearts
When the slave driver was with his whip
When his whip was at our backs,
There is no carnival without us
And without carnival there is no us.
The colours of our stories joyful the eyes
And rhythm wise the body moves.

On days like these we dance the sun
We cannot make dis love indoors,
Or be restricted by the idea of a roof,
Dis soul, dis reggae, dis calypso,
Dis sweet one music we make
Is for all of us who work dis land
And cannot be contained by bricks and mortar,
It is we, the beat and the streets.

The passion has to be unleashed,
To rave alone is not today,
Dis is a beautiful madness
Dis is a wonder full place.
So play Mas citizen
Be the immortal bird you want to be
Bring hope and truth and prophecy
Or meet the lover in your mind,
Let us take these colours
Let us take these sounds
And make ourselves a paradise.
On days like these we can.

On days like these the elders say
Astronauts can see us dance
Glittering like precious stones
On dis rocking British cultural crown,
When Rio's eyes upon us gaze
And Africans are proud of us
With heads held high we say we are
The carnival, sweet carnival.

On days like these we dance to us,
On days like these we love ourselves.

Naked

Dis is me naked. Unclothed, undressed under
the light of all the Gods that you dare
imagine, waiting to be touched with as
many versions of the truth as you
can conjure up in your turned off
mind.

Dis is me. Give me your theory, give me
your opinion, give me your truth, give me
your big bad holy book, let me know
exactly what tried and tested faith
keeps you asleep.

Dis is me, hungry for the priceless forbidden, looking
for the man who wrote the superhighway code
so that I can rob his richness.
He got insurance, he got the state, let me get him.
I wanna find game show hosts and put
the bastards on trial. I wanna kill educated ignorance.

Dis is me naked, revolting in front of you, I'm
not much but I give a damn. Lovers look
at me, haters look at me as I exhibit
my love and my fury on dis desperate
stage.

Dis is me naked. I love being naked.
I look at my naked self and I know
that I was made for nakedness. I see
my neighbours naked, I see booted and
suited men naked, and women in purdah
naked, and all the priests and politicians
who I despise are naked looking
at the truth, facing reality, having to
deal with themselves, by themselves. Praise
the Gods for the black, brown, white, fat,
thin, one-legged, blind, bent and uneven

naked bodies. Praise the female Gods
and the older Gods for the naked body
beautiful.

Dis is me. Not hanging out on Soho Road,
Handsworth, not hanging out on Railton Road,
Brixton, not chilling on Grosvenor Road,
Bristol, not even wheeling and
dealing on the sad streets of
London, west central. Naked I am, fixed
in reality, not looking for a fix,
not pickpocketing in Piccadilly.

I pay tax, they force me to pay for my oppression.

Dis is my mother. She read a poster on a
hot tin street in Jamaica that told her
that Britain loves her. She tuned
into the dream that made me the
naked cop beater that I
am today. I do all dis stuff for my
mother and she cries because I will
not go to church.

Dis is me naked, jealous, passionate, listening
for the naked sound of liberty,
waiting for the militants to arise, pouring
the lubricant sweat into the system
of rebellion.

Dis is me invading the blank page with my
endless aerodynamic pen, driven like
optimistic hope, driven, raging,
desperate, hungry, inspired by the
chit-chat overheard on stinky smoky buses
turned on by the politics of the kitchen.

Dis is me. Dreadlocks I. Rastafari. Rastafari.
Behold, how good and how pleasant
it is for revolutionaries to dwell together

in the house of the lord. Knowing that
the real God will liberate those who liberate
themselves I shall fear no religion.
Took away the dried up intermediary, got
a direct line to the great ganja
creator. Dis is me, Rastafari, Rastafari,
Dreadlocks I.

Dis is me blowing my lonely black trumpet.

Dis is me mysteriously trying to smile, trying
to convince myself that dis is the
lesser of evils. I stagger from
column to column stealing from its
stolen concrete as I go. 'Fall Babylon,
Fall Babylon and take your bankers
with you,' I chant as I piss on parliament.

Dis is me, standing under understanding,
getting up and over, overstanding the
corruption of our role models. The
lack of courage of our athletes burns me.
The Vegan sex is sweet.

Dis is my music. Loud, deep, Jungle music.
Heavy, roots, Reggae dub stuff.
I rave like a lover, I love like a raver
I know it's only Hip-Hop Rock but I like it,
I'm so proud of it. We rocked the world
with it. We turned on generations
with it, made love and riots with
it, we created the magic
but we still don't own the magic.
Why must we still struggle for our royalty cheque?

Dis is me fatherless, childless. Who do I go to and for what?
Who shall I cry to? Who shall I cry for?
I need babies to recite to
I need babies to recite to me
my life is full of lonely childless eternities

where only poetry gives me life
and nakedness gives me knowledge.
When I cry they want to arrest me, when I'm in
need I'm suspicious, when I cross the road
they ask me why.

Dis is me. I hate dis government as much as I
hated the one before it and I have reason
to believe that I will hate the one to come.
How did these lefties reach dis Tory place?

Dis is me, squeeze me. Let me free me.
I have come to realise that what you can do for me
I can do much better for me.
Let me do for my loved ones what you will not do for them
I want to hold the hands of my loved ones
(Those who have no one to vote for)
and cause a victorious rumble in dis black universe.
I am naked, whispering screams in the church
of the impatient revolutionaries. I may be
vulnerable, I may not have the education of my critics or
the wealth of my arresting officers, but I have
never felt the need to wear a uniform in order
to break laws and I have never felt the need to
eat dead bodies in order to feel like a good human.

Adultery

We all say we luv honesty
But den wot of de lies we do
Your luv may lie an yet be true,
How honest can you be?

Live wid your joyful misery
An madness dat you can't proclaim
How often can you change your name?
How honest can you be?

Fake common norms an decency
Designed to give you sleepless nights
Torture your soul an dim your lights,
How honest can you be?

You cannot do conformity
You want to luv more equally
But wot of your community,
How honest can you be?

Going Cheap

A dollar head shouts 'Buy',
A pound head shouts 'Sell',
A shopkeeper's shouting 'Capitalism will eat itself',
A prophet's asking 'When?'

A caring father on the futures market has just condemned
A family on the West Coast of Africa to five years hard labour.
A speculator called that a result.

Now here's a New World order... *Large burger and fries please.*

It's business as usual.
Earthquakes cost money,
Dams damn the needy
And Palestinians don't count.

Now here's a New World order...

One oriental woman
Supermodel skinny
With
Blonde hair
Black girl bottom
Surgically modified nose,
And genetically modified shit.

It's the economy stupid,
It's business as usual.

Christmas Has Been Shot

Christmas has been shot away this year,
There are too many choppers chopping up the sky
Too many bullets in the air for good tidings,
There will be no Christ and no mass
And darkness has fallen upon the land.
No one shall make a joyful noise unto the Lord
Or serve the Lord with gladness,
No one shall come before his presence with singing,
And Palestinian Christians who want to declare
The name of the Lord in Jerusalem
Or glorify the boy in Bethlehem
Have been told to piss off to Jordan,
Syria or Iraq.

All the saints have been told
To wait for the resumption of peace talks
And the angels of the Lord have been told
To wait until the Americans are ready
Because Zion means something else now,
And yes it was written that the truth shall flow
From the mouths of babe and suckling,
But babes and sucklings beware
The soldiers have orders to kill,
And the spirit of King Herod is alive.
They're not doing Christmas this year,
It has been shot away
'And anyway
Christ is no messiah,' said the soldier
'This is our Promised Land.'

What we see over Bethlehem this year
Is a spineless, skeleton of a Christmas,
A Christmas that has been occupied, strangled
And driven to tears, crying tear gas and burning,
It's a Christmas that has no songs or sermons
Except the song of the bomber;
As loud as dying

As quiet as death.
Welcome to the birthplace of his holiness
Welcome to the humiliation of the natives,
Here even flowers are shot down
If they fly the local flag,
You will not hear the bells of Christmas
And you will not hear the women sing.
'And let me tell you something else,' said the soldier
'No virgin gave birth here – we wouldn't allow it.'

Sorry gentiles
It looks like it's gonna be a cold Christmas,
Ain't no spirit of the Lord moving over the manger
Just a nuclear power
Flying in from Tel Aviv via Washington DC.
The power of the almighty has come for sure
To suck Christmas dry
And to blow Christmas away.
There will be no mercy
And no rejoicing
And no worshipping any little Black Palestinian boy,
And no crosses
And no three wise women or men
And no Arab shepherds,
Because Christmas has been done in
Christmas is coughing and choking
Christmas has been hit by bullets from the west,
So if you want to do Christmas this year
Take a bible,
Sit indoors,
And do your own thing,
Just don't do it in Bethlehem.

Two Dozen Babylon

Two dozen Babylon dem a follow me
As me driving in me dreadlocks car.
Most days of de week dem bother me
As me driving in me dreadlocks car.
As I'm shopping de cops dem a film me
As me driving in me dreadlocks car.
I just feel dat dem want to discourage me
As me driving in me dreadlocks car.

Two dozen Babylon dem a follow me
As me driving in me dreadlocks car.
If dem could dem would a chain and collar me
As me driving in me dreadlocks car.
I'm told they're so jealous of me
As me driving in me dreadlocks car.
And dem desperately want fe convict me
As me driving in me dreadlocks car.

Two dozen Babylon dem a follow me
As me driving in me dreadlocks car.
I can see dat de beasts want to swallow me
As me driving in me dreadlocks car.
I don't have a ting to relax me
As me driving in me dreadlocks car.
And de same Babylon dem a tax me
As me driving in me dreadlocks car.

Three Black Males

Three black males get arrested
When they said they seek two whites,
Dis poet said that's expected
For we have no human rights,
We die in their police stations
We do nothing to get caught
We are only in white nations
When we win them gold in sports.

Three black males in the system
So the system just rolls on.
Can you recognise the victims
When the truth is dead and gone,
Can you recognise their anguish
When they beg you time to care
Or do you forget your language
When three black males disappear?

Raphael Rowe is not an angel
And Michael Davis ain't
Let us be straight and factual
Randolph Johnson is no saint,
The Home Office has a God complex
But that office is not great
For it does not recognise subtext
Injustice or mistakes.

Let all poets now bear witness
Let the storyteller tell
Let us deal with dis white business
Dis democracy's not well,
The cops, the judge and jury
Need some helping it does seem
And three black males with a story
Fight
So truth can reign supreme.

We People Too

I have dreams of summer days
Of running freely on the lawn
I luv a lazy Sunday morn
Like many others do.
I luv my family always
I luv clear water in a stream
Oh yes I cry and yes I dream
We dogs are people too.

And I dear folk am small and great
My friends call me the mighty Bruce
I luv to drink pure orange juice
Like many others do.
I hope you all appreciate
We give you all a helping hand
When me and my friends turn the land
We worms are people too.

When I have time I luv sightseeing
You may not want to see my face
But you and me must share a space
Like many others do.
Please think of me dear human being
It seems that I'm always in need
I have a family to feed
We mice are people too.

They say we're really dangerous
But we too like to feel and touch
And we like music very much
Like many others do.
Most of us are not poisonous
I have a little lovely face
I move around with style and grace
We snakes are people too.

I don't mind if you stand and stare
But know that I have luv no end
And my young ones I will defend
Like many others do.
When you see me in the air
Remember that I know the worth
Of all us who share the earth
We birds are people too.

I need fresh air and exercise
I need to safely cross the road,
I carry such a heavy load
Like many others do.
Don't only judge me by my size
Ask any veterinarian
I'm just a vegetarian
We cows are people too.

Water runs straight off my smooth back
And I hold my head high with pride
I like my children at my side
Like many others do.
I don't care if you're white or black
If you like land or air or sea
I want to see more unity
We ducks are people too.

I think living is so cool
And what I really like the most
Is kiss chase and I luv brown toast
Like many others do.
I hang around in a big skool
I only need a little sleep
I like thinking really deep
We fish are people too.

I luv the cows I love the trees
And I would rather you not smoke
For if you smoke then I would choke
Like many others do.

I beg you do not squash me please
I do not want to cause you harm
I simply want you to stay calm
We flies are people too.

My name is Thomas Tippy Tops
Billy is not my name
I've learnt to live with fame
Like many others do.
I once was on *Top of the Pops*
On TV I sang loud
My parents were so proud
We goats are people too.

I luv to walk among the fern
I'm thankful for each night and day
I really luv to holiday
Like many others do.
I've read the books and my concern
Is why do we always look bad
My friends don't think I'm raving mad
We wolves are people too.

A lovely garden makes me smile
A good joke makes me croak
One day I want to own a boat
Like many others do.
I'd luv to see the river Nile
I'd luv my own sandcastle
I really want to travel
We frogs are people too.

Please do not call me horrid names
Think of me as a brother
I'm quite nice you'll discover
Like many others do.
If you're my friend then call me James
I'll be your friend forever more
I'll be the one that you adore
We pigs are people too.

We really need dis planet
And we want you to be aware
We just don't have one spare
Not any of us do.

We dogs, we goats
We mice, we snakes
Even we worms
Are really great,
We birds, we cows
We ducks, we frogs
Are just trying to do our jobs
We wolves, we fish
We pigs, we flies
Could really open up your eyes
And all we want to say to you
Is that
We all are people too.

Anti-Slavery Movements

Some people say
Animal liberators are not
Working in the interest of animals.
But I've never seen liberated animals
Protest by going back to their place
Of captivity.
But then again
I've never heard of any liberated slaves
Begging for more humiliation
Or voting for slavery.

Animals vote with their feet
Or their wings
Or their fins.

Knowing Me

According to de experts
I'm letting my side down,
Not playing the alienation game,
It seems I am too unfrustrated.
I have refused all counselling
I refuse to appear on daytime television
On night-time documentaries,
I'm not longing and yearning.
I don't have an identity crisis.

As I drive on poetic missions
On roads past midnight
I am regularly stopped by officers of the law
Who ask me to identify myself.
At times like these I always look into the mirror
Point
And politely assure them that
What I see is me.
I don't have an identity crisis.

I have never found the need
To workshop dis matter,
Or sit with fellow poets exorcising ghosts
Whilst searching for soulmates.
I don't wonder what will become of me
If I don't eat reggae food or dance to mango tunes,
Or think of myself as a victim of circumstance.
I'm the dark man, black man
With a brown dad, black man
Mummy is a red skin, black woman,
She don't have an identity crisis.

Being black somewhere else
Is just being black everywhere,
I don't have an identity crisis.
At least once a week I watch television
With my Jamaican hand on my Ethiopian heart

The African heart deep in my Brummie chest,
And I chant, Aston Villa, Aston Villa, Aston Villa,
Believe me I know my stuff.
I am not wandering drunk into the rootless future
Nor am I going back in time to find somewhere to live.
I just don't want to live in a field with my past
Looking at blades of grass that look just like me, near a relic like me
Where the thunder is just like me, talking to someone just like me,
I don't just want to love me and only me; diversity is my pornography,
I want to make politically aware love with the rainbow.
Check dis Workshop Facilitator
Dis is me.
I don't have an identity crisis.

I have reached the stage where I can recognise my shadow.
I'm quite pleased with myself.
When I'm sunbathing in Wales
I can see myself in India
As clearly as I see myself in Mexico.
I have now reached the stage
Where I am sick of people asking me if I feel British or West Indian,
African or Black, Dark and Lonely, Confused or Patriotic.
The thing is I don't feel lost,
I didn't even begin to look for myself until I met a social worker
And a writer looking for a subject
Nor do I write to impress poets.
Dis is not an emergency
I'm as kool as my imagination, I'm care more than your foreign policy.
I don't have an identity crisis.

I don't need an identity crisis to be creative,
I don't need an identity crisis to be oppressed.
I need love warriors and free minds wherever they are,
I need go getters and wide awakers for rising and shining,
I need to know that I can walk into any temple
Rave at any rave
Or get the kind of justice that my folk can see is just.

I am not half a poet shivering in the cold
Waiting for a culture shock to warm my long lost drum rhythm,
I am here and now, I am all that Britain is about

I'm happening as we speak.
Honestly,
I don't have an identity crisis.

The Race Industry

The coconuts have got the jobs.
The race industry is a growth industry.
We despairing, they careering.
We want more peace they want more police.
The Uncle Toms are getting paid.
The race industry is a growth industry.
We say sisters and brothers don't fear.
They will do anything for the Mayor.
The coconuts have got the jobs.
The race industry is a growth industry.
They're looking for victims and poets to rent.
They represent me without my consent.
The Uncle Toms are getting paid.
The race industry is a growth industry.
In suits they dither in fear of anarchy.
They take our sufferings and earn a salary.
Steal our souls and make their documentaries.
Inform daily on our community.
Without Black suffering they'd have no jobs.
Without our dead they'd have no office.
Without our tears they'd have no drink.
If they stopped sucking we could get justice.
The coconuts are getting paid.
Men, women and Brixton are being betrayed.

Biko the Greatness

Wickedness tried to kill greatness.
In a corner of South Africa
Where they believed there were
No mothers and fathers
No sisters and brothers
And
Where they believed
One could not hear the cries of another,
Wickedness tried to kill greatness.

Wickedness tried to build a nation
Of white tyrants.
In a corner of the planet
They arrogantly downpressed
They did not overstand
As they suffered the illusion of the God complex,
But these words are not for wickedness.

These words are for greatness,
The greatness that inspired doctors and nurses
To become educated in the art of freedom getting,
The greatness that inspired educators to become liberators
And a nation of children to become great themselves.

South Africans in the valley of the shadow of death
Feared no wickedness
Because greatness was at their side
And greatness was in their hearts,
When the wind of change went south
Greatness was its trustee, guided by truth.

Now we who witnessed the greatness
Sing and dance to his legacy,
We who muse his intelligence
Spread the good news in Reggae, Soul, Marabi
And the theatre of liberation,
Knowing that nobody dies until they're forgotten

We chant Biko today
Biko tomorrow
Biko forever.

Wickedness tried to kill greatness
Now wickedness is dead
And greatness lives
In Islington
As he lives in Cape Town.

Derry Sunday

If you look carefully
You will see the impression
Of a body in the concrete.
Sometimes I look up from here
And I can still see teenagers
Taking aim.
One Sunday I shouted up to them
I was born here
Just a stones throw from where you are,
And I live here
Just a stones throw from where I am,
Where do you come from?
So Benjamin, you're British are you?
Forget that crap and
Come here my Jamaican friend
Write a poem about me,
Dis is where I died.

I died on the day God rested,
And after I died I found sleeping difficult,
I found a thunder in my voice
I found venom in my tears,
There goes my son
My son goes there

And there I go I said to the man next to me
But he too was dying.
I want to wake up and live Benjamin
But it's so difficult when I have to pass my place of death
Every day.
I saw you on the television once and I said
That's my man,
Write a poem about me Benjamin,
Write a poem about them and us here
Write a poem about that slab of concrete there,
Dis is where I died.

The One Minutes of Silence

I have stood for so many minutes of silence in my time.
I have stood many one minutes for
Blair Peach,
Colin Roach
And
Akhtar Ali Baig,
And every time I stand for them
The silence kills me.
I have performed on stage for
Alton Manning
Now I stand in silence for
Alton Manning,
One minute at a time, and every minute counts.
When I am standing still in the still silence
I always wonder if there is something
About the deaths of
Marcia Laws
Oscar Okoye
Or
Joy Gardner
That can wake dis sleepy nation.
Are they too hot for cool Britannia?

When I stand in silence for
Michael Menson
Manish Patel
Or
Ricky Reel
I am overwhelmed with honest militancy,
I've listened to the life stories of
Stephen Lawrence
Kenneth Severin
And
Shiji Lapite
And now I hear them crying for all of us,
I hear so much when I stand
For a minute of silence.

The truth is,
Being the person that I am
I would rather shout for hours,
I wanna make a big noise for my sisters,
Mothers and brothers,
I want to bear a million love children
To overrun the culture of cruelty,
I want babies that will live for a lifetime,
I don't want to silence their souls
I don't want them to be seen and not heard,
I want them to be heard
I want them loud and proud.

My athletic feet are tired
Of standing for one minutes of silence for
Christopher Alder,
I should be dancing with him,
Ricky Reel
Stephen Lawrence
And
Brian Douglas
Make silence very difficult for me.
I know they did not go silently,
I know that we have come to dis
Because too many people are staying silent.

The silences are painful,
They make me nervous,
I fear falling over
Or being captured and made a slave
So I will not close my eyes.
I look at the floor for ten seconds
I look to my left for ten seconds
I look to my right for ten seconds,
I spend ten seconds scanning the room
Looking for someone that looks like my mother,
I spend ten seconds looking for spies
And ten seconds are spent looking at the person
Who called the one minute of silence,
And I wonder how do they count their minute?
I always spend the extra seconds
Looking for people I know,
Wondering how long they will live.

I spend hours considering our trials and
Tribulations,
I seem to have spent a lifetime
Thinking about death;
Rolan Adams
Will not leave me.
I've tried to look at dis scientifically
I've tried to look at dis religiously,
But I don't want to limit myself either way.
I've spent so much time standing in silence,
It reminds me of being in trouble
In the headmaster's office,
Waiting for the judgement.
I've spent hours
Standing for minutes
Pondering the meaning of life
The reason for death
And considering my time and space.

The Drunk on Green Street

Yeah I was throwing stones
When the tanks threw bombs at me
But I did it for the children man
Yeah I did it for the children man

There was a time when I just stopped dancing
And nothing wouldn't rhyme
And nothing wouldn't rhyme
And nothing wouldn't reason

Yeah I was out there fighting
But I didn't wanna die
So I did it for the children
God I did it for the children man

And look the rain is falling
Does dat mean death or food
Give me a single act of friendship
'Cause I need friendship in my life
And let's do it for the children man
Do it for the children man

'Cause dats the way it is man
Dis planet isn't ours
Let's give it to the children man
Let's give it to the children man

And when they grow up you know the score
It won't belong to them
They'll have to do it for their children man
So let's do it for the children man.

'Cause dats the way it is man
'Cause dats just the way it is man.

Hey man,
What you looking at?

The Ride

We first met on a golden night
As the moon radiated love light
On the dock of the bay.
Somewhere between the real deal and an illusion
We lay unapologetically
Stroking each others lack of responsibility.

'I want to be a poet,'
She said looking over the mountain,
'I want to be a hippy,'
She said checking out me natty dread,
'I want to be political,'
She whispered as she admired my scars,
'I may not look it, but I'm really oppressed,'
She said smiling,
Handing me her welfare book.

The sea lassoed the shore
Time and night hovered towards daylight
And bellyfilled foxes sniffed their way home.
She put the blanket over her head
Farted, and fell asleep.

The next time I saw her
She was trying to find The Goddess of Plenty,
Desperately seeking the freeway
And after me money.
'It's different for women,' she said
'We can use men for their bodies
Men do it to us all the time.'
The next time I saw her
She ran over me with her wheelchair.

To Do Wid Me

There's a man beating his wife
De woman juss lost her life
Dem called dat domestic strife?
Wot has dat gotta do wid me?

Babies are buried under floors
In a church behind closed doors
I don't know de bloody cause
Wot has dat gotta do wid me?

I've seen all de documentaries
An there's nothing I can do
I've listened to de commentaries
Why should I listen to you?
If I am told to I go vote
If I need more money I strike
If I'm told not to then I won't
I want de best deal out of life

De fit cannot go jogging
Coz there's someone out there mugging
When they should be spreading luving
Wot has dat gotta do wid me?

You an me must juss stand back
Coz they're gonna bomb Iraq
It's a surgical attack so
Wot has dat gotta do wid me?

I juss wanna live my life mate
So juss leave me alone
Why should I fight de state?
When I'm trying to buy my home,
I juss wanna earn my bread guy
An feed my family
You may starve and you may die
But wot has dat gotta do wid me?

Poets are dying in Nigeria
Or forced to leave de area
Multinationals are superior
Wot has dat gotta do wid me?

An in somewherestan I've heard
Dat she can't say a word
An he must grow a beard
Wot has dat gotta do wid me?

Wot has dis gotta do wid me
I'm juss dis guy from Birmingham
An all I want to do is live good in de hood,
It's got nothing to do wid me
I'm juss your average football fan
An hey sum foreign teams are very, very good,
Why should you worry yourself?
You cannot change a single thing
All you gotta do is tek wot you can get,
Why should you worry yourself?
Try hard an you will die trying
Wot can any of us do about Tibet?

I see a million refugees
On twenty million TVs
An I think who de fuck are these?
Wot has dat gotta do wid me?

Hurry up I've got no time
Don't you mess wid wot is mine
Yes I signed de dotted line but
Wot has dat gotta do wid me?

Your school has juss been closed down
Your tax is buying bombs
An although you come from downtown
You don't know where you're coming from,
You don't know wot you are eating
Your food has a terrible taste
An you can be sure dat you are drinking
Sum kinda chemical waste

There's a price upon your head
Even though you're newly wed
A police juss shot you dead
Wot has dat gotta do wid me?

An down in de police station
They are killing de black nation
But dat's normal race relations
Wot has dat gotta do wid me?

Wot has dat gotta do wid
De man upon de corner dat is selling guns
So we can kill each other as we rave,
Or de crackhead who is trying to crack up everyone
Teking all your cash as you become a slave,
Or de mother in de gutter who is begging bread
Where de man dressed in de Gucci hails a cab,
All I am trying to do is praise de Lord it must be said
Wot has dis to do wid anything I've had

A baby in Pakistan
Is making footballs for de man
Or is she an Indian?
Wot has dat gotta do wid me?

There's no propa propaganda
About Malawi or Rwanda
An all dis makes me wonder
Wot has dat gotta do wid me?

I used to go on demonstrations
Now me feet can't tek de pace,
I've tried be a vegan
But there's egg upon me face,
My last stand was de Miners Strike
I did de cop patrol,
Now it's central heating dat I like
An I juss don't need no coal

Indonesia needs more
British arms for East Timor
More western bombs to bomb de poor
Wot has dat gotta do wid me?

An over in Algeria
They say there's another massacre
Isn't dat a part of Africa
Wot has dat gotta do wid me?

An I don't plan to go
To an American death row
There's no compassion there I know but
Wot has dat gotta do wid me?

My God, I can see you have been tortured
An your wife has been drawn an quartered
An your children have been slaughtered
But wot has dat gotta do wid me?

Nu Blue Suede Shoes

No girlfriend
No car
No money guy
But I know who you are.
No silver
No gold
No pension
Fe de time dat I get old.
No e-mail
No mobile phone
I don't know where me father is
And I am all alone.
No satellite
Inna outta space,
A little spirit
So me going back to base.
Me nu hav nu blue suede shoes
But me really want fe rock.

No police force
No gun
I don't think life is funny
Still I'm looking for some fun.
I won't dance wid de government
Dem don't care bout me,
I rave bout peace and luv and stuff like
Sweet theophany.
Me nu hav de truth
Nar tell yu lie
I don't hav de answers
I cry,
Me nu own de high street
Dis is not my club
All I want is just a little
Heavy rub a dub.

Me nu hav nu blue suede shoes
But me really want fe rock.

No privilege
Me nar inherit wealth,
Just me body
Just me self,
Music is widin
Der is music in me heart
So please will you excuse me
If my shoes are not so smart,
Please will you excuse me
While I tear de state apart.

The Approved School of Reggae

You may not be able to play your Reggae
Like the roots sisters and brothers
Who were born with it in their veins
You may not,
Not touch the hearts of the sufferers
Or suffer,
For your estate is great.
You came, you saw, you copied,
And the record company loved you,
But you can't swing it
Like a buffalo solider
Or a dreadlocks Rasta,
U.B. robbing we.

Reggae
Was/Is
The greatest thing you've ever heard
The greatest wage you've ever earnt,
You were/Are
So easy to digest,
Tis a white washed imitation that
You sing through your noses
But it works for you
It could not work for we.
Unable to cope with true Rastas that search for truth
Your Rastafarians shave their faces and refuse to join us when we shout
Help.
The chink, chink, chink
Of your guitar
Is typical of Reggae without soul,
Soulless Reggae, radio friendly, lightweight chink chink,
Bass less, senseless, easy on the ear
Easy on the dance floor
Reggae that says nothing but
Why liberation?

Women are for loving,
Baby, baby, baby, baby,
Well watered down Reggae for your chick.

The black woman/man
Don't own their music
Don't own their image
Some of we don't even own we name,
The innovators
The creators
Wanna burn record company HQ down
But they need the money.
So cover
Cover
Cover,
Version
Version
Version,
You may be laughing
Because I'm so poor
And you're so rich,
But I toured Russia before you.
You're drunk on the red, red wine that you stole,
You're the rat in the kitchen, now scavenging in the studio,
It's top of the pops wigger
U.B. robbing we.

Do Something Illegal

Musical streams of joy
Enchanted ravers come alive
De gleaming, joyful beats employed
Are here to help you to survive,
Let de music cover you wid streetwise stuff
Dat is so good,
To de riddim do be true
An mek luv in de neighbourhood.

Let sweet thoughts within you grow
An let your body celebrate
Letting your body go
As righteous sounds communicate,
When de dub has made you rise
An all of you are real an regal
Move de body riddim wise
An do something illegal.

De beautiful electric drum
Is wired for your pleasure
So as you kinda go an cum
Reveal your happy soul,
Feel free to do all manner of things
To help you ease de pressure
It gets mystical an magical
When you simply lose control.

Do not foul informers' fear
When dub creators operate
An let no imposters rob you
Of de gracious vibes you generate,
You may float like a butterfly
Or fly high as an eagle,
De dread DJ invites you to
Do something illegal.

Translate

Who will translate
Dis stuff.
Who can decipher
De dread chant
Dat cum fram
De body
An soul
Dubwise?

Wot poet in
Resident,
Wot translator
Wid wot
Embassy,
Wot brilliant
Linguistic mind
Can kick dis,
Dig dis
Bad mudder luvin rap?

Sometimes I wanda
Why I and I
A try so hard fe get
Overstood,
Mek we juss get
Afrocentric,
Dark,
Who in space
Who on eart
Who de hell we writing fa?

Sometimes I wanda
Who will translate
Dis
Fe de inglish?

The London Breed

I love dis great polluted place
Where pop stars come to live their dreams
Here ravers come for drum and bass
And politicians plan their schemes,
The music of the world is here
Dis city can play any song
They came to here from everywhere
Tis they that made dis city strong.

A world of food displayed on streets
Where all the world can come and dine
On meals that end with bitter sweets
And cultures melt and intertwine,
Two hundred languages give voice
To fifteen thousand changing years
And all religions can rejoice
With exiled souls and pioneers.

I love dis overcrowded place
Where old buildings mark men and time
And new buildings all seem to race
Up to a cloudy dank skyline,
Too many cars mean dire air
Too many guns mean danger
Too many drugs mean be aware
Of strange gifts from a stranger.

It's so cool when the heat is on
And when it's cool it's so wicked
We just keep melting into one
Just like the tribes before us did,
I love dis concrete jungle still
With all its sirens and its speed
The people here united will
Create a kind of London breed.

Heroes

Wanderers and workers
Sinners and saints
From here they all look human.
We that are set in stone
Know their greatness,
We mere words
Recognise their possibilities,
We can see that they are
All romantics, freedom fighters
And intellectuals.
These streets are full of heroes.

The Big Bang

I was born where the Beorma people made home,
Handsworth, in Brummagem.
For many of my early years
I thought this town to be a cold suburb
Of Kingston, Jamaica.
My then girlfriend Jasvinder Basra
Thought it to be a cold suburb of Jullunder, India,
And we were both right.
We, in our puppy love innocence
Knew that it was only a matter of time and space,
We Dark Matter grew up holding hands
Listening to Reggae and Bhangra
Eating channa and ackee,
And playing doctors and nurses somewhere in the future.

Handsworth does that to you,
Historic and progressive,
It wakes but never sleeps
Concrete with a heartbeat.

A private space for all its children
That is full of stars and it keeps expanding,
It is where voices from the past speak to us
Every day, lived in voices
Of working class heroes reminding
Us that we are all Brummies,
But me and Jasvinder knew this anyway.

I saw riots in Handsworth,
I saw revolution loitering on the streets
Where money had been thrown down drains
In front of people who were needy,
But I also saw energy laden creators
Bringing hope,
And building sites of new galaxies
In Brummagem, the centre of it all.

This is where I discovered the nature of the universe,
This is where I realised
That The Theory of Everything leaves a lot to be desired,
This is where
The postman taught me that everything needs poetry,
And that it is not gravity that gives us roots
But the things we do to ourselves.
But it was me that said relativity needs to relate,
Space stops everything happening to you,
And in my humble opinion
Faith and tradition will live next to progress
For as long as it takes.

Cosmology?

Well that's all about me and Jasvinder.
It all started with us
In Handsworth in Brummagem,
Where the philosophers of Grove Lane
And the great thinkers of Soho Road
Now recite Alpha and Omega continually.

Astrophysics?

That's about the nature of our celestial bodies
The application of our physical policies
And the intensity of our cultural intercourse,
It's about the way we greet when we meet
And the exploration of possibilities,
And it must be known
That all scientific studies have shown that
Brummies are at home with new horizons
And a multi-layered concept of place.

Time?
Space?

Time invented itself to stop everything
Happening at once.
Space was grateful
It had been given room to manoeuvre.
They remain good friends.

FROM

Naked

(2004)

Uptown Downtown

Live de life you love
Love de life you live
Live massive wid passion
And live it positive
When the concrete is falling apart
Find where you are coming from
And live it from de heart
From over here I wanna mek myself clear
If there's no music over there
You gotta come over here
I dream of sexy mad democracy where you have a choice
I am not aristocratic I'm just using my voice

Hip-hop, reggae, who really cares
The essence is loud, the anger is clear
There are angels in de studio to help people hear
You can go shooting up de place
But you can't kill de idea,
Sometimes you must talk to yourself
To find who you are
Even when you're in the gutter
Cast your eyes to the stars
There's magic in every moment
And there's magic in you
So with everything you do dancer
Be honest and true

So Uptown people come around
Hear what de militant brother putting down
Downtown people come around
Check out de poet with the dreadlocks sound
And now just look into the mirror
Can you honestly say that you'll do your best tomorrow
Like you just did today?

Superstar

Sometimes I seem to have no purpose
I just feed my ego and my twisted mind
Lost between the sleepy dreamy manic nightmare
I can't live quick enough, can't spend my money fast enough

I didn't want it to be this way
I wanted to be a gangsta or a pimp
My fans should hate me
I wanted to live life on the edge
Now my image is on posters, T-shirts and
Baseball caps, my dream of being a
Dangerous fugitive has been surrendered to
A company with accounts in fifty countries
And my mother is so proud of me, she too should hate me

My bank manager wants to have
An affair with me, I'm a VIP
But I'd like to be a pauper
Singing for my supper
And waking up where I belong
I'd like to kill my personal trainer
But I'm so high up in the charts
And I'm told that I can do no wrong
And the price of plastic surgery means
Even my plastic surgeon is a star
Now five sexy humans do my make up
I have a gardener that waters me
And trims my hair
I'd love to go shopping
But there are germs out there
I've got friends on every continent
But I'm so lonely and I don't want
To die this way,
My lovers must get to know me
Somebody's out to kill me because they think I'm ok,
And all my friends are good because
They do what I say.

Life is hard for superstars
The roads cannot contain our cars
We can't control our bodyguards
Sometimes we end up behind bars.
And life is hard for bodyguards
They live in constant fear of SARS
Many have died in pubs and bars,
They can't control the superstars.

Our Fathers

Everybody's looking for their fathers
Chasing rainbows and dreams
Crying for fathers, and ways and means
Everybody's looking for their fathers
Trying to overstand their fathers in the fatherland

We need actions to make a re-action
But what's the attraction?
Useless satisfaction
We need a light to guide us
Something to be beside us
Oh shit, woes betide us

Give us easy answers
The questions are not the best ones
We want a panacea to fix it all
We've looking for the big one for so long
And we really need an answer
We need some freedom to get it off and get it on
Most of us don't know when it's here
But we do know when it's gone

We try to find ourselves
And find someone else
We stop to think, then we sink
And call for help

We breathe deeply trying to meditate
Some of us think that harmony
Will come through solidarity
And so we demonstrate

Some say they seek a brother
Or a sister on the loose,
Some say they seek a lover
But that's just another lame excuse
We think that we can make it because we're fully grown
In truth we fake it and we're desperate to go home
Everybody's looking for their fathers
It's a man's world so they say
We keep looking for our fathers
When our mothers know the way

Slow Motion

They attack when you are sleeping
You feel happy and safe,
You're not the one that gets hit
And so you just accept it
It's being done by your state

There's something about the way that
People die when you can't see them
And something about the way that
People suffer in your name
You give a bit to charity
Instead of trying to free them
Your people die too
But foreigners are not the same

People die slowly
We can't live like this
People die slowly
We can't die like this

Things We Say

Put your ear to the ground and listen to the sound of your ancestors
Turning in their humble graves
Put you ear to the ground and hear the folk that went before you
Screaming from the belly of the Earth
Look towards the heavens and ask yourself
Is there a heaven or is that just high hell waiting for my spirit to rise
Raise your fist in defiance and learn to love your neighbour
As you take the wool from off your eyes.

Put your shoulder to the wheel and push forward ever
Backward never, backward never, oh no
Take what you can get for the forces of darkness are working against you
Have a good day
Put your best foot forward but be careful where you tread
And make sure that your best foot is your friend
Stand up and be counted. Lay low and stay alive
Tell the truth, but if you can't just pretend

Let's look on the bright side, there will be a brighter day
And remember that tomorrow never comes
Go ahead, follow your leader, but who does your leader follow
Have you ever seen the blind leading the blind?
Yes the blind can be so wise, and the wise can be so meek
And the meek can be so righteous, strong and bold
Learn to feel yourself as you hold yourself together
Like your heroes you are quickly growing old

Put your ear to the ground and listen to the sound
Of your ancestors singing in the fields
Do not fear the darkness, hold your head up high
Sing forever, yeah sing forever
Put your ear to the ground and listen to the magic and the music
In the dust
And listen to the words very carefully
'Cause you just don't know which words you should trust

FROM

To Do Wid Me

(2013)

Wake Up

Wake up, wake up, wake up, Arise.
Wake up, wake up, wake up, Arise.

You hav your money
Your colour TV
Your mobility
Your big salary
You hav your ID
You own all you see now –
Wake up from your sleep.

You're big wid de boss
You made up de loss
You bow to de cross
You're still into Bros.
You're not into us
You don't give a toss now –
Wake up from your sleep.

'Cause all yu do is slumber
yu nu work intelligently.
You may know yu name and number
but yu live de fantasy.
Yes all yu a do is nothing,
and nothing will not do.
Sometime you muss do something,
or something will do you.

You fly every year
You just bought a share
You hav greasy hair
You hav a home spare
You fear despair
You just don't care now –
Wake up from your sleep.

Your mortgage is cool
Your kids luv school
You make every rule
Your home has a pool
Run on green fuel
You're playing de fool now –
Wake up from your sleep.

'Cause all yu a do is exist,
    and de time has come to live.
'Come out dat big mist
    and practise how to give.
Yes all yu want is status,
    den yu put dat wid a quo.
If yu wake up now yu may
    just live good before you go.

You pay your way
Work, rest and play
You plan your day
You plan your stay
'Cause come what may
You'll be ok now –
Wake up from your sleep.

As cool as ice
You drink wid pol lice
You may for advice
You don't mind de price
'Cause life is so nice
And you don't live twice now –
Wake up from your sleep yeah.

(BREAK)

Wake up from your sleep.
(repeat)

'Cause all yu do is follow,
    you come in like lost sheep.
Some time before tomorrow
    you must wake up from your sleep.
Yes all you a do is conform
    believing you are free.
What you see as de norm
    is normal insanity.

You have your pension plan
You have your wages in your hand
Your bills are paid upon demand now –
Wake up from your sleep.

Your partner's at home cooking
You think you're not bad looking
Big Brother has your booking now –
Wake up from your sleep yeah.

(TROMBONE SOLO)

Wake up from your sleep
Wake up from your sleep
Wake up from your sleep
Wake up from your sleep
Wake up from your sleep

Nu Run Away

Black people nu run away
We hav fe stand and fight fe another day.
My people nu run away
We hav fe stand and fight them anyway.

Dem have a little power
An now dem want devour
De disabled, single parents and de Blacks.
Dem sey dem spending money
In a bid to mek you happy
But de truth is dat you just cannot relax.
Dem sey you hav a share
But you can't can't see it anywhere
Dem set up a lottery to fool de nation.
Dem nah deal wid charity
An de black reality
Is every week a brother dead ina de station.

Black people nu run away
we hav fe stand and fight fe another day.
My people nu run away
We hav fe stand and fight them anyway.

Dem talk bout equal opportunities
In schools and universities
Now dem hav a brand new scheme,
Play your drum, do sum sport
But an intellectual thought means
A uniform removes you from de scene,
An a priest on TV
Representing you and me
Tells de world that he cyant understand.
Well to put it simply
There is no equality
An equality is what people demand.

CHORUS

Black people nu run away
we hav fe stand and fight fe another day.
Stand firm.
My people nu run away
We hav fe stand and fight them anyway.

Stand firm.
You got yu colour TV.
Stand firm.
But dat don't mean you are free.
Stand firm.
Even if yu wages mek yu sweet.
Stand firm.
It is no good if yu cannot walk de streets.
Mek dem move yah,
Gu wea yah,
I am tell you we hav fe stick together
Mek dem move yah
Back wea yah
And beware of de
New World Order.
Mek dem move yah,
Gu wea yah
Mek dem know dat we have ways of fighting back
Mek dem move yah,
Back wea yah
Zephaniah and Professor tell yu dat.

CHORUS

Don't turn.

CHORUS

Rong Radio

My ears are battered and burned and I have just learned
that I have been listening to the wrong radio station.

My mind has been brutalised now the pain can't be disguised
I've been listening to the wrong radio station.

I was beginning to believe that all black men were bad men
and white men would reign again
I was beginning to believe that I was a mindless drugs freak
that I couldn't control my sanity or my sexuality
I was beginning to believe that I could not believe in nothing
except nothing
and all I ever wanted to do was to get you and to do you.
I've been listening to the wrong radio station.

My future has been blighted I am so short-sighted
I've been listening to the wrong radio station.

I was beginning to not trust me, in fact, I wanted to arrest me
I've been listening to the wrong radio station.

I've been dancing to music that I can't stand.
I've been reciting commercials to my girlfriends.
I've been trying to convince myself that what I really need
is a sunbed and a mortgage and some hairspray,
the kind of hairspray that will wash my grey blues away.

I've been trying to convince myself that I should care about anyone else
but myself
I've been trying to convince myself that could ease my conscience
if I gave a few pence or a few cents to a starving baby in Africa
because African babies need me so
because African babies need my favours
because Africa is full of dictators
and oh yeah globalisation will bring salvation!
I've been listening to the wrong radio station.

I thought my neighbours formed an axis of evil
I wanna go kill people
I've been listening to the wrong radio station.

I am sure I didn't inhale so why is my mind going stale
I've been listening to the wrong radio station.

I was beginning to believe that all Muslims are terrorists
and Christian terrorists think they existed.
I really did believe that terrorism couldn't be done by governments
not our government, not white government,
I just could not see what was wrong with me.
I gave hungry people hamburgers you see.
I was beginning to believe that our children
were better than their children
their children would dying from terrorism
but I couldn't hear their children call
and a child from Palestine simply didn't count at all.
What despair,
no children I was not aware
I'd been listening to the wrong radio station.

For years I've been sedated, and now I think I'm educated.
I've been listening to the wrong radio station
and every time I got ill, I took the same little white pill
I've been listening to the wrong radio station.

When it started I was curious but then it got so serious.
It was cool when it began but now I really hate Iran
and look at me now I wanna make friends with Pakistan.
I wanna bomb Afghanistan, and I need someone to tell me,
where the hell is Kurdistan?
Yeah, you can be my ally for a while until I come to bomb your child
and I'm sure there's a continent called the Middle East
and I think I can bomb my way to peace
I've been listening to the wrong radio station.

I've been listening to the wrong jams,
I've been listening to the wrong beats
I've been listening to the wrong radio station.

I've been listening to the wrong tones of the wrong zones
I've been listening to the wrong radio station.
I've been listening to the wrong voices
I made such mad choices
I've been listening to the wrong radio station.
I've been listening to spies, I've been listening to lies
I've been listening to the wrong radio station.

I needed to know what some pop star somewhere was having for breakfast
I needed to know that I was no longer working class
I needed to know if the stock market rose 1 percent
I needed to know that I had a ruler to give me confidence
I needed to know that my life would improve loads
if I had an operation on my nose.
I needed to hear that DJ say,
'Good morning, good morning!'
I thought he was there just for me
I loved the way that he would say, 'This show was sponsored by...'
'Oh my oh my,' he made me cry
I've been listening to the wrong radio station.

Can you dig this? I put myself on a hit-list
I've been listening to the wrong radio station
I used to take myself for granted
Now I believe I'm wanted
I'm laughing and I'm crying and I'm watching myself dying
I've been listening to the wrong radio station.

Listen to him, can you hear?
Listen to me
Keep this frequency clear!

Touch

When I see you I know life was made for living
When I see you I don't wanna die
When I don't see you I sleep and dream about you
It's the truth I'm telling you, poets don't lie.
Sometimes I think I can't survive without you
I wanna introduce you to my crew
Sometimes I think I wanna give it all up
Everything, well, everything but you.

When I see you I know life is about sharing
When I see you I know why the caged bird sings
When I see you I know why it is I'm caring
About love and life and every living thing.
And now that we are in this space together
And the party people have all come and gone
I really want this time to last forever
So I'm asking you to keep your clothing on.

Yeah I wanna touch your body
Yeah I wanna touch your body
Yeah I wanna touch your body
But first I wanna touch your mind.

When I look upon your face I feel inspired
I feel a loving surge when I get close to you
It's intelligence that I really admire
That is why I like to think things through.
You light me up when darkness falls upon me
You cool me when I cannot take the heat
I feel so wanted anytime you call me
Even though you kinda knock me off my feet.
And when you smile it's like the sun is shining
And all the good around me seems to grow.

Yeah girl you got the rhythm and the timing
So let's take things nice and slow.
Check out that we're dancing to the same tune

Check where we're going to and coming from
And the seeds that we have planted will blossom soon
But girl keep your clothing on.

Yeah I wanna touch your body
Yeah I wanna touch your body
Yeah I wanna touch your body
But first I wanna touch your mind.

I wanna touch you girl. Right in your head.
I wanna touch you girl. Deeper, deeper.
I wanna touch you girl. Right in your head.
I wanna touch you girl. Deeper, deeper.

I wanna touch you girl. Right in your head.
I wanna touch you girl. Deeper, deeper.
I wanna touch you girl. Right in your head.
I wanna touch you girl. Deeper, deeper.

It's emotional, it's spiritual, it's natural
Our union is something to behold
But we can't afford to keep it superficial
'Cause it's all about the body and the soul
I reckon that this trip could last forever
But nothing must be done with any force
Let's put our minds together
And have mental intercourse

Yeah I wanna touch your body
Yeah I wanna touch your body
Yeah I wanna touch your body
But first I wanna touch your mind

I wanna touch you girl. Right in your head.
I wanna touch you girl. Deeper, deeper.
I wanna touch you girl. Right in your head.
I wanna touch you girl. Deeper, deeper.

Deeper, deeper.

Responsible

Sey what is going on down ina Babylon
You can't blame unemployment every time yu rong
Sey what is going on down in de ghetto man
Every time yu children need yu man yu come and gone,
Sey what is going on, what's doing in yu head
Your sister said de situation kinda dread
All tings are possible, but to be credible
My brother man yu gotta be responsible.

CHORUS
Brother you gotta be responsible
Brother yu gotta get in touch wid yu senses
Brother you gotta be responsible
And when yu do stuff yu mus face de consequences,
Brother you gotta be responsible
If necessary brother I will contradict yu
Brother you gotta be responsible
To be a man yu gotta respect yu sister.

Your sister ain't a bitch, nu matter how yu rich
Yu gotta find some positive communication,
If you're so limited, yu gotta deal wid it
Because your sister is de mother of creation,
Your sister ain't a hoe, de prophet said so
Yu better check yu history and let yu knowledge grow,
So what yu saying now, I gotta let yu know
Dat unity is cool and dat's the way to go.

CHORUS

Listen brother man what's going on
Yu gotta be responsible
Listen brother man what's going on
Den anything is possible.
So listen brother man what's going on
Yu really don't know what will happen next
Listen brother man yu gotta cum around
Yu gotta show some respect.

What kinda man are you, what so you plan to do,
If yu bigging up yu self then don't be shallow,
If you have a clue then you will know it's true
Yu can't blame all yu sins on de ghetto.
So don't come size me up, let us rise up
'Cause when the truth come there will be no where to hide
De system is corrupt but if yu getting fired up
Yu gotta make sure that your sisters at your side.

Get in touch with your senses
Face the consequences
You gotta be responsible
All things are possible.

Genetics

You get drunk without drinking
And your grass is turning red
You wonder without thinking
There's a mushroom in your head.
Your kids don't recognise you
You don't recognise yourself
You're trying to get to know you
But you're knowing someone else.
Your water has been pasteurised
Your pets are in control
The children in the nursery
Are looking very old.
Cows are giving birth to donkeys
And those donkeys will soon fly
There's a member of your family
That you can't identify.
It's all about genetics.

Your hand has grown a foot
And you cannot get a head
And you believe it when you're told
That you're very good in bed.
You cannot grow your rice
Because there's something in the clay
When you went to eat your supper
Your supper just walked away.
This is madness but this madness
Is the best money can buy
This madness brings forth great sadness
But you can't afford to cry.
There's a baby in the bottle
Plutonium in your perm
There's no power in your throttle
But there's acid in your sperm.
It's all about genetics.

The air outside is heavy
You're desperate to evolve
Instead of rocking steady
You dance as you dissolve.
You have nightmares when you're walking
Your sweet dreams are in a heap
You say nothing when your talking
You see devils when you sleep.
You see devils in your cornflakes
You see angels in your hell
You see sugar in your headache
You see petrol in your well.
Your flowers have gone nuclear
There's coffee in the rain
And you cannot tell the difference
Between pleasure and pain.
It's all about genetics

Worms are crawling out your nostrils
Worms are demanding some cash
And a monster from a movie
Has just smoked half your stash.
Everyday you have another case
Of delayed déjà vu
And you just don't feel you're in control
Of anything you do.
You're waistline's like a bass line
And you're bass is out of tune
And you believe the future's going to happen very soon.
You love it and you hate it
And you think it is a mess
You feel you must debate it
But you cannot stop progress.
It's all about genetics.

FROM

Revolutionary Minds

(2017)

Earth Liberation Sound

Earth liberation sound as I would say
Yeah, gotta save de Earth today, say me nar chat tomorrow

Ladies and gentlemen, may I have your attention please,
at this time, at this time, Benjamin Zephaniah:

Downtown dem a call we de children of de sky
Some of we a rude boy some are Rastafari
Some-a do a little hustle some a duck and a dive
Dem really have fe struggle just fi stay alive
Some-a pray to Allah some a check dem roots
Some don't want none of that in dem search for de truth
Some say, Flower Power, some say blouse and skirt
Some say, rally together make we save de Earth.

[CHORUS]
Earth liberation sound, me tell you dis ya Earth liberation sound
Make a joyful noise, rally red, gold and green,
Make a joyful noise, spread some love pon de scene.
Earth liberation sound, me tell you dis ya Earth liberation sound.
So gather all de children, stand your ground,
If we stand together den we nar fall down.
Earth liberation sound, me tell you dis ya Earth liberation sound.

A strictly lovers' man, put down de gun,
A strictly herbs so make de roots man come,
A strictly rockers sister, so make we go,
In this ya garden you reap what you sow.
We check de science and we check de stars,
We check Major Tom and de Spiders from Mars,
We love de rainbow, we love dat sight,
We love de daytime, and we really love the night.

[CHORUS]

Liberate yourselves. Free you souls. Free you spirit, Free you minds, shine.

Earth liberation sound, me tell you dis ya Earth liberation sound
Earth liberation sound, me tell you dis ya Earth liberation sound
Make a joyful noise unto Jah, Jah, Jah

Earth liberation sound
Children of the sky

Revolutionary Minds

Revolutionary minds don't give a damn
When de people on de top say stop
Revolutionary minds don't give a damn
When de people on de top just drop
Revolutionary minds don't give a damn
When their palaces get unstable
Revolutionary minds don't give a damn
About de name dat is on de label

We aint scared of revolution
We aint running from revolution
We love revolution
Because revolution is change
And we really need a change from the shit we have now

Revolutionary minds don't give a damn
Revolutionary minds don't care
About their non heroes and celebrities
Who are leading followers nowhere
Revolutionary minds don't give a damn
About their one-sided history
Revolutionary minds don't give a damn
De revolution will set us free.

I and I know say better must come
But it won't come if we just sit down and do nothing
We must fight for it,
For fighting for freedom is a revolutionary act in itself.

Women shall not be property
When revolution come, come on, come on, come
And no one shall be judged by the colour of their skin
When revolution come, come on, come on, come
The elders shall live in dignity
When revolution come, come on, come on, come
And we will control de lives we're living
When revolution come, come on, come on, come.

[QUOTING HOWARD ZINN]
As soon as you say
The topic is civil disobedience
You're saying our problem is
Civil disobedience

That is not our problem

Our problem is civil obedience

Our problem is the numbers of people
All over the world
Who have obeyed the dictates of
The leaders of their government
And have gone to war
And millions have been killed
Because of this obedience.

We recognise this from Nazi Germany
We know that the problem there was obedience
That the people obeyed Hitler
People obeyed
That was wrong
They should have challenged
And they should have resisted.

Revolutionary minds don't give a damn
When a baby in de palace is born
Revolutionary minds don't give a damn
When de baby in de palace is one,
Revolutionary minds don't give a damn

About who gets on this year's rich list
Revolutionary minds don't give a damn

Revolutionary minds raise their fists.
Revolutionary minds are minds that think outside de box
You see revolutionary minds are minds of vision
Revolutionaries know what's possible
Revolutionaries are fighting for de liberation of animal, man, woman and child.

Revolutionary minds don't give a damn
Dem a work till revolution dawn
Revolutionary minds are rebellious
Revolutionary tongues say gwan
Revolutionary minds don't give a damn
About their fashion and their high street sales
Revolutionary hands are working till
Revolutionary stuff prevails

Women shall not be property
When revolution come, come on, come on, come.
And no one shall be judged by the colour of their skin
When revolution come, come on, come on, come
The elders shall live in dignity
When revolution come, come on, come on, come
And we will control de lives we're living
When revolution come, come on, come on, come.

Revolutionary minds don't give a damn
Dem nu want no OBE
Revolutionary minds will give a damn
When the people of the world are free.

Revolutionary
When revolution come, come on, come on, come.

President

[CHORUS]

De president a mash up de resident
De president a mash up de resident
So plenty resident tun dissident
Cause plenty resident just innocent

De president a mash up de people
De president a mash up de youth
All de king's horses and all de king's men
Dem a mash up de truth
Earthquate a mash up de landscape
Missiles a mash up de scene
Colourless chemicals deep in de ocean
Dem a mash up de green.

[CHORUS]

Dear Mr President
A hummingbird tells me your jails are full of activists
Activists that are full of life.
The vendor who sold you that pretty work of art, and your palace,
Cannot sell you the silence fo the Earth community,
Or a silent history of your deeds,
How many prisoners' throats can you cut before you reach hell?
How many children can you stop from growing up?

Dear Mr President
A hummingbird tells me that worms are eating you,
You suck presidentially, and de universe knows it.
Bad night Mr President, don't have faith, don't hope,
And do not wish for forgiveness,
Just run, run, run as slowly as you can,
And take your arms trade with you.

[CHORUS]

The sound of the freedom sound
The sound of the freedom sound y'all

Cool Down

Seen too many mothers crying
Outside shopping malls and pool halls
Seen too many sisters and brothers trying to thug it up
Before they know how to love it up,
Seen too many rum deals over pimped up wheels
When suckers dash for cash and lose and eye,
Yes blood, I've seen too many mothers cry.

[CHORUS]
Cool down, we have to stop this violence
Cool down, we must stop this violence now,
Cool down, we must not suffer in silence,
Cool down, cool down.

Seen too many red-eyed sharks in the park after dark
Looking for a way out as they try to get in
Seen too many thugs being torn apart
Meeting an end before they begin,
Seen too many minds wasting away on corners,
In gutters, left to decay, Some don't live a life,
They just live a lie,
Yes blood, I've seen too many mothers cry.

[CHORUS]

I've seen parents of victims strangled by grief
I've seen parents of killers in disbelief
But we all share this sickness eating at our hearts
Killing us from inside and tearing us apart.
Cool down, we have to stop this violence
Cool down, we must stop this violence now,
Cool down, we must not suffer in silence,
Cool down, cool down.
Cool down, we have to stop this violence
Cool down, we must stop this violence now,
Cool down, we must not suffer in silence,
Cool down, cool down.

Hot Like Jamaica

She have de body an she, she have de grooves
She kind of happy an she, she have de moves
And when she chaty chatty she makes sense
She have de knowledge an de intelligence
When she drop it, she drop it like it hot
She nu deal with slackness, she don't deal with dat,
Plenty man a try but dem nu know what fe do
Because de woman has a wicked IQ.

[CHORUS]
She hot like Jamaica, she hot like Jamaica,
She hot like Jamaica, she cool like Kingston Town let me tell you
She hot like Jamaica, she hot like Jamaica,
She hot like Jamaica, she cool like Kingston Town.

She have de salsa an she have samba
In her waistline she have a little rumba
She have de reggae man, so look at that,
She kind of clever an she have de hip hop,
She kind of heavy, yes she heavy like lead,
She light like a feather an she dreader Dan Dread,
She bling like silver, she blind like gold,
She have de rhythm an de blues an de soul.

[CHORUS]

She mix masala like a true Indian
She can wind it like a Brazilian
She have de poetry of Kurdistan
She can calypso like a Trinidadian
She have de spirit of de Vietnamese.

She can get wid it like she is Chinese
She kind of sweet like she is from Ireland
But she rides pon de rhythm like a Nigerian.
You don't have to worry about what I do
I stay high 'cause I got a high IQ

And with intelligence I'm graceful and elegant
Nothing can stop my development
Fluid never stifle, pure not recycled
I bring the light in, I am delightful
And I'm inspired by my culture
I carve out my dreams like a sculpture
Work on my mind like a rota
It's my time to gain, no time to falter
I rock mics like Gibraltar, and alter
Your perspective over my sisters I'm protective
So you must respect it,
I'm very selective with my company
Being wise is fun to me
A mother of the Earth,
Putting the work in is what they come to see
I bring fire when I put pen to paper
Taking them higher 'cause I'm hot like Jamaica.

[CHORUS]

Hot, hot, hotter than Jamaica man she,
Hot, hot, hotter than Jamaica man she,
Hot, hot, she hotter than Jamaica man,
But she cool like Kingston town, Lord my God.
Hot, hot, hotter than Jamaica man she,
Hot, hot, hotter than Jamaica man she,
Hot like Jamaica man,
But she cool like Kingston town.

In This World

We livein a world where one in four people live in a state of absolute poverty,
thirty-five thousand children die each day because they are born to poor parents.
Each year twenty-four thousand people are killed and maimed by landmines.
And when you hear the information-rich telling you that
the world is wired and getting smaller,
remember many people in the world have never made a phone call.

We live in a world where they say we communicate more,
but the world stayed silent when the slave trade was making money,
the world stayed silent when the Nazis started to kill trade unionists,
people with disabilities, homosexuals, left-handed people and Jews.
And now, in the age of the global village and mass communications,
the world is staying silent as the Palestinians are being annihilated.

Countries are isolated and starved of funds
if they do not allow North American burgers to be sold on their high streets,
or if they do not allow the World Bank
and the International Monetary Fund to dominate and control their poor farmers.

We live in world where over a million children each year die as a result of
 diarrhoea,
in this world millions of women spend several hours a day collecting water.
Of the seven hundred and seventy-four million illiterate adults in the world,
two thirds of them are women.
More than sixty millions girls in our world are forced into marriage before the
 age of eighteen.
And each year, in this world, three hundred and fifty-eight thousand women
 die from pregnancy, or in childbirth.

And in this world more than one hundred women are simply missing,
remember, these women are not even counted.

We live in a world where each year multinational oil companies spill oil on
 the planet,
damaging the Earth for years to come.
In this world governments back the oil companies and not the planet.
To get the oil in this world young women and men are sent to fight phoney wars.
The young people that are lucky enough to make it home are left
to suffer physical and mental damage, for the rest of their lives.

We live in a world where people in uniform can kill innocent people
in the knowledge that the corrupt system will protect them,
where whistle-blowers that expose corruption, misconduct and illegal activities in
governments and faceless organisations become the ones who are
 persecuted and hunted down.
We live in a world where those who expose violations of the law are violated
 by the law.

We live in a world where much of our productive land is given over to cows,
that are made into the burgers that make some people rich, and other people sick.

We live in a world where some great creative minds tell you
that what they strive for is to receive an award from the establishment,
so then the establishment will tell you these artists are their friends,
in the knowledge that these artists are now on their side,
and not on the side of the people who want to overthrow the establishment.

We live in a world where our so-called religious leaders are inciting wars,
accumulating great wealthoff the backs of their congregations,
misusing their power, and raping children.

We live in a world where mone is power, and power is money,
we live in a world where the rich get richer and the poor get poorer,
and the rich who have everything still want more.
You don't have to be a conspiracy theorist to see that it's a corrupt world.
You don't have to be a rocket scientist to understand that have not gained liberation
because there a few women in the boardrooms of man-made empires.
This world is designed to serve the interests of evil men,
but we shall overcome.
We shall overcome the greed and the shortsightedness,
we shall overcome the selfishness,
because we care,
and we don't fear,
yes sister,
we care
we care
we care
but we don't fear.

I Am a Revolutionary

This may sound like an odd thing to say
But I always try to be as honest as possible
I've said this many times
And I never quite understand why people don't get it
I think people that don't quite believe me
So they put me in the BBC and they put me on *Question Time* and stuff like this
As if, I'm kinda willing to play that game
I mean I will go on and talk
But deep down
I'm a revolutionary
I am a revolutionary
I actually, you know, am a revolutionary
But deep down
I'm a revolutionary
I am a revolutionary
I actually, you know, am a revolutionary

So when the people speak you must listen
They rioted from Junction to Tottenham to Brixton
'Cause police turned Mark Duggan into a victim
And the struggle's bigger than the one that we are living in
Israel has made Palestine a prison
Gaddafi wouldn't leave unless someone killed him
Aborigines are still not recognised as equals
So this is just a cry from my people yeah
So Babylon must come down, yeah one day
Whether it's the right or the wrong way
And I know this is just the start
But I can say that I played my part, real, yeah,
And I don't support all the gun play,
But I know we're gonna need it one day
See the good can't lose to the evil
So this is just a cry to my people

I am a revolutionary
I stand for the people, the people
I am a revolutionary
I stand for the people, the people
revolutionary

Yes Logic, tell dem
The people's army are creative revolutionaries
They come to mash down Babylon
My brother Logic says it loud and clear

We must stand for the people
Logical, logical more fire more fire
Yes I
People's army, iyah, iyah, iyah.

But deep down
I'm a revolutionary
I am a revolutionary
I actually, you know, am a revolutionary
But deep down
I'm a revolutionary
I am a revolutionary
I actually, you know, am a revolutionary

Deep down I'm a revolutionary
I am a revolutionary
Deep down I'm a revolutionary
I actually, you know, am a

I stand for the people
I stand for the people
I stand for the people
Benjamin Zephaniah

Uprising Downtown

What is all dis noise, tell me what is all dis shouting
What is all dis screaming about,
Fire brigade's moving 'cause nothing is improving
Rich boy, get insurance, shut yu mouth,
What cause dis disturbance, what is of such importance
What is it that makes this fire flame?
A powerful character, it brings down any structure,
When it hits some study why it came.

[CHORUS]

There's an uprising downtown
There's an uprising downtown
Civilians fighting military style
Children join in after a while
Oppressors get pressed down, de sound of sirens sound,
Dark gets bright and de city is alight,
A politician runs in de dark of de night
There's an uprising downtown
There's an uprising downtown

What is all dis blood, tell me what is all dis bloodshed
What is all dis killing about,
Some fight for love, some fight for hatred,
Are the people in or are they out,
Shop displays get shifted, fat wallets get lifted,
Scotland Yard has got a video,
Some say why downtown, some says dats de problem,
We just don't have anywhere else to do.

[CHORUS]

CHECK IT IN DE PRESS BOY

Read it in de news,
Someone got angry, someone lit the fuse
Ten thousand goodies came to criticise
People on the right blamed left-wing spies,
Uptown folk were safe in bed
Downtown folks were feeling dread
The preacher came and said we pray
But the preacher took the money and ran away.
Temperature was hot it was very bombastic
Then I heard a shot it was getting kinda drastic,
Bonfire night in the middle of summer
Fireworks smell like burning rubber,
Check him out, watcha nu, look at him go
Wid a big flat screen and a stereo
Social workers couldn't work it out,
But when I heard the shout you know I had no doubt.

[CHORUS]
There's an uprising, uprising
There's an uprising, uprising
There's an uprising, uprising
Downtown, downtown, downtown
Downtown, downtown, downtown
Downtown, downtown, downtown

You Dream

Superficially you'll never get to know it
But organically you try to rise above it
You see rainbows up above that don't exist
But you know that there is something up there in the mist
You see clouds making faces you know in the sky
You upgrade to a blinding artificial eye
There is pain in your love life causing you to scream
But there's light in your mind's eye so each day you dream.

And you dream of something better than the things you do,
And you dream of something better for your children too,
Yes you dream because your dreams are keeping you alive
And you dream away your mind's eye so you can survive.

Beyond the ever changing face of what we believe
Lies the deepest inner world of mystery
Once the decision is made the rest flows free
Once the word is spoken there is nothing to stop your dream.

Yes, you dream.

Uncollected poems & lyrics

The Traveller

I trod over the mountain
I trod over the sea,
One thing I would like to see is
East Ham's people free,
I do get stopped by cops a lot
But that don't bring me down,
And I am not afraid to say that I love Canning Town.
The bright colours of Green Street
And those kids that make me laugh
As they make up real rude poems
As I jog round Plashet Park,
I know every fox on High Street South
And every fox knows me,
I've spent hours upon Beckton Alps
And I still can't bloody ski.
I trod over the mountain
Rhyming as I go,
There are many great poets
In sweet Stratford-le-Bow.
And I don't need the TV
To see well paid pretenders,
Everyday I see the truth,
I live with real Eastenders.

The Spirit Level

We're beyond your flag
We're beyond your nation
We're beyond the trappings of your race
There's no need to brag
About your rank and station.
All of us are locked into one place
We're beyond your flesh
We're beyond your blood cells
We're beyond what earthbound eyes can see.
There's no need to test
There's no need to guess
We are more than what we seem to be.
When it comes to the spirit we are colourles.
When it comes to the sprit we are one
At the spirit level we no deal with the devil, so racist move along.
We're beyond tradition
We're beyond your nam.
We're beyond your tribe, your gang, or styl.
We're past this condition.
Beyond your pride and shame
We're beyond that cunning plastic smile.
Where there is no border
Where there is no law.
Where only the one called truth shall reign
We obey no orders.
There we know the score
There where everybody is the same.
When it comes to the spirit we are colourless
When it comes to the sprit we are one.
At the spirit level we no deal with the devil, so racist move along.
We're beyond your gender
We're beyond your skin
We're beyond what you may see as you.

There is no agenda
That's where we begin
Where the racist has no work to do.

We're beyond religion
We're beyond your prayers.
You can meditate and have a look
That's beyond your heaven.
You can you can take it there.
We're beyond the knowledge in your book
When it comes to the spirit we are colourless
When it comes to the sprit we are one.
At the spirit level we no deal with the devil, so racist move along.
When it comes to the spirit we are colourless
When it comes to the sprit we are one.
At the spirit level we no deal with the devil, so racist move along, move along.

[Written 1996]

Tam Lyn (retold)

Don't be scared

It was the first of May
A righteous holiday
This was when the workers they
Celebrate fertility
It was the first of May
A righteous holiday
This was when the workers they
Celebrate fertility.

It was the first of May
She stepped into the club
Lookin' for the holy herb
And a magical dub.
A virgin full of rhythm
Her passion shining bright
Her future in her hand
And she was holding it tight.
Soon she found that holy herb
It was sweet Caribbean
She burned that holy herb
In an organic chillum.
And she moves to the bass
She reach out to creation
They was time and space
For this heavenly maiden.

It was the first of May
A righteous holiday
This was when the workers they
Celebrate fertility
It was the first of May
A righteous holiday
This was when the workers they
Celebrate fertility.

He was a mover and a shaker
Who was prone to temptation
He stepped up to the angel
And made his objection
Saying 'Woman was not made
to partake in this herb.'
He cursed and she was humble
And she called him absurd
Then she took him to a place
That was not very far.
They connected at the waist
In the back of her car
Her innocence was gone
In just under an hour.
He was forced to hang on
As she flashed her girl power.

It was the first of May
A righteous holiday
This was when the workers they
Celebrate fertility
It was the first of May
A righteous holiday
This was when the workers they
Celebrate fertility.

Love is impatient
It ignores traditions and conventions
It is not bound by human constructs
Jurisprudence and the laws of men.
Love reaches out and holds open-hearted
It demands attention
It is in a world of its own
Yet it connects worlds that will forever
Be set apart.

Well I have a sweet hope of glory in my soul
Have a sweet hope of glory in my soul
Well I have a sweet hope of glory in my soul
Have a sweet hope of glory in my soul

Oh I know I have and I feel I have
A sweet hope of glory in my soul.

Make love not war
This is how we do it
Make love not war
This is how we go
Make love not war
This is how we do it
Make love not war
This is how we flow
Make love not war
This is how we do it
Make love not war
This is how we go
Make love not war
This is how we do it
Make love not war
This is how we flow.

Our man had moved on
Said he was wild
Then our lady found
She was heavy with child.
When she told her father
He said 'Go seek him out'
She found him six months later
Down town hangin' about.
He said 'Who's the daddy?'
She said 'You are the one.'
He said 'I am an alien
And quite soon I'll be gone.
Customs and immigration
Want to get rid of me
There's no peace in my nation
I'm a war refugee.'

'There's no peace in my nation
I'm a war refugee
There are people in uniforms

Out to get me.
There's no peace in my nation
There's nowhere I can hide
If you really do love me
Will you stay by my side?
I may groove on the dance floor
But my pain is quite great
I don't know all the answers
But I'm trying to relate.
Since I've been here in exile
I just don't know my fate
And de best-selling tabloids
Always greet me with hate.
There's no peace in my nation
I'm a war refugee
I'm surrounded by war
But there's love inside me.
There's no peace in my nation
and I'm feeling downhearted
When the Beastie Boys get me
I'm told I'll be deported.
So I need you to hold me tight
Tomorrow in court
And I need you fill yourself
with positive force.
'Cos I wanna be wich yu
And I wanna live
So I need you to give me
All the love you can give.'

So the next day in court
She held him really tightly
Just fifteen minutes before
He went in the dock.
And her positive thoughts
Made her touch the almighty
And our brother shivered
From his toes to his locks.
He turned into a victim
He turned into a loser

He turned into a pimp
And a real mister mean.
But she kept holding on
And when those demons were gone
He turned into himself
Just a cool human being.
And the judge said you can go now
The judge set our man free
He was free to be indefinitely.
And the judge said you can go now
And our joyous refugee
Just said 'Thank you, judge,
and now I plan to raise a family.'
So he became a citizen
Our angel became a wife
And they had what modern folks would call
A pretty happy life.
They met on the dance floor
On the first of May
And the baby that they had
Grew up to be a club DJ.

It was the first of May
A righteous holiday
(Well I have a sweet hope of glory in my soul)
It was the first of May
A righteous holiday
This was when the workers they
Celebrate fertility
(Well I have a sweet hope of glory in my soul)
It was the first of May
A righteous holiday
This was when the workers they
Celebrate fertility
(For I know I have and I feel I have
a sweet hope of glory in my soul
Well I have a sweet hope of glory in my soul
Well I have a sweet hope of glory in my soul
For I know I have and I feel I have
a sweet hope of glory in my soul)

(Well I have a sweet hope of glory in my soul)
Make love not war
This is how we do it
(Well I have a sweet hope of glory in my soul)
Make love not war
this is how we go
(Well I know I have and I feel I have
A sweet hope of glory in my soul)
Make love not war
This is how we do it
Make love, not war,
This is how we go
Make love, not war
This is how we do it
Make love not war,
this is how we flow.

(from *The Imagined Village*, 2007)

Difference

It would not be very good
If we had the same colour,
It would not be very good
If we all had the same mother,
It would not be very good
If we were from the same place,
It would not be very good
If we all had the same face.

It would not be very good
If we all wore the same clothes,
It would not be very good
And every smart kid knows
You're not even the same
As your sister or brother,
So it would not be very good
If we were copies of each other.

I don't want to get personal
Excuse me if I'm rude,
But it would not be very good
If we all ate the same food,
It would not be very good
If we all had the same grin
And it would not be very good
If we all liked the same things.

In my humble opinion
We have to learn to share
Because life would be quite strange
If we all had the same hair,
We should celebrate our differences
The world's full of different people,
But even though we're different
We can all be treated equal.

Happy Everyday

All days are created equal.
Everyday has the right to recognition
And no day should be subject to
Cruel or degrading treatment.
Everyday has the right to freedom of expression
And the right to participate
In the cultural life of the community.
Everyday has the right to belong to
The religion of its choice,
And should not suffer discrimination based on
Sunshine, rainfall, temperature,
Or seasonal orientation.

Strange Truth

It's strange de way I think I am free when really I am not,
It's strange de way dat I stay cool when fires burning hot,
it's strange de way my mind relaxes when my bills are paid,
it's strange de way I keep on going, but till now I've stayed.
It's strange de way I write poems because I have no gun,
it's strange de way you read dem but I am sure you will like some,
it's strange de way I have no friends but everyones friendly,
it's strange de way I feel unsafe wid state security.
Well that's all strange, but stranger still, is I love peace, but I would kill,
a monk I am, a monk at heart but I would tear a state apart,
it's strange dat I should fight for peace,
it's strange dat I can't trust de priest,
it's strange, so strange that there's no chains
but slavery still affects our brains.

Magic

The magic that lights up my sleeping heart,
The true black magic that makes me laugh
And makes me cry three times a day.
What is the magic about her?
Why is my day not complete without her?

And this has filled my heart with guilt
And this has filled my heart with fear,
For I am a lonely fiery poet in search of revolutionary hearts
And militant minds so that my sisters of now
And my sisters to come shall want no more.
I would die for this cause, but I would live for her,
Bring life to me, bring courage for you have it
Bring hope for you are it, and make me live again.

But what of my guilt? What shall I do with my unforgiving love?
My pain is hot but silent, my hurt is hard and heavy.

Evolution

Who says where, who says when
Who says stop to start again
Who dictates where to go
Moves you round to and fro
Forced to work inna factory
De unemployed will never free
De situation look to me just like slavery.

Broke my sista, broke my brother
Now we do it undercover
Took my language and my name
Try to make us look the same
You took my father's liberty
To get your life of luxury
De situation look to me just like slavery.

Can de big guy put some honesty
Within de foreign policy
And ban the big hypocrisy
The heavy one that's killing me,
Or am I trapped by big money
And still just a commodity
De situation look to me just like slavery.

Did I survived evolution
To earn myself your whip
Did you write your constitution
In the bowels of your slave ship
You gotta grow up you know, you gotta be a people
And get it out ya head
Dat ya gotta do me evil.

NOTES

EDITORIAL NOTE

Benjamin Zephaniah's first book-length collection, *The Dread Affair* (1985), published under Hutchinson's short-lived Arena imprint, included those poems he wished to preserve from his pamphlet *Pen Rhythm* (1980). Those are the only poems included here from that pamphlet. After the publication of his first Bloodaxe collection *City Psalms* in 1992, BZ stopped including much of his earlier work in performances, apart from 'Dis policeman keeps on kicking me to death'. However, a good number of other poems from *The Dread Affair* deserve to be made available again in this retrospective edition of his poetry and lyrics, including some which were popular at the time and some related to social and political issues which are still very much current.

All poems and lyrics from BZ's three Bloodaxe collections, *City Psalms* (1992), *Propa Propaganda* (1996) and *Too Black, Too Strong* (2001) are included in *Dis Poetry*. These include many he performed with music recorded and released on several records over the same period, often in different or newly improvised versions. We discussed which of these worked on both page and stage when compiling each collection, some being retained only after my editorial input produced a text he was happy to see printed. BZ often made numerous changes in wording over the course of performing his work in any case, not regarding any "text" as necessarily fixed or finished.

After *Too Black, Too Strong*, he devoted more of his creative energies to writing prose for younger readers in books treating issues close to his heart, but he continued to write poetry for performance, much of it in collaboration with musicians.

His 2004 album *Naked* included one poem which had appeared in *Too Black, Too Strong*. Apart from the selection of previously published poems in *To Do Wid Me* (2013) – the film and accompanying book – there was no subsequent collection of his poetry, but if he had assembled one, it would certainly have included a number of lyrics both from *Naked* and from his 2017 album *Revolutionary Minds*, most probably those I have selected for *Dis Poetry* based on the kinds of selection criteria we followed previously. The other five tracks on *Revolutionary Minds* include two performances of poems printed in *Propa Propaganda* and *Too Black, Too Strong*.

Many thanks are due to Qian Zephaniah, and to Jodie Hodges and Molly Jamieson at United Agents, for their invaluable help in assembling this book.

[NEIL ASTLEY]

ACKNOWLEDGEMENTS & NOTES ON POEMS

[Unattributed quotations below are from notes by Benjamin Zephaniah]

The Dread Affair (Arena, 1985)
Some of these poems were reprinted from BZ's debut pamphlet, *Pen Rhythm* (Page One Books, 1980). 'Dis policeman keeps on kicking me to death' and 'Afrika' first featured on the album *Rasta* (Upright Records, 1983).

City Psalms (Bloodaxe Books, 1996)
'Us & Dem', 'Tiananmen Square' and 'U-Turn' in their musical forms first featured on the album *Us & Dem* (Mango Records, 1990). 'As a African' and 'My God Your God' were first published in BZ's pamphlet *Rasta Time in Palestine* (Shakti Publishing, 1990). 'Money' was rapped on *Wordworks* (Tyne Tees Television, 1992) and first published in the series anthology *Wordworks* (Bloodaxe Books/Tyne Tees Television, 1992). *City Psalms* included a foreword by Bob Mole.

Propa Propaganda (Bloodaxe Books, 1996)
'To Be Seen, To Be Done' first appeared in *Out of the Night: Writings from Death Row* (New Clarion Press, 1994), edited by Marie Mulvey Roberts and assisted by BZ who wrote: 'It is one of the most powerful books of poetry and essays I've ever read and I am very proud to have played my part in it.'

'The War Process' first appeared in *An Idea for Bosnia* (Autumn House and Feed the Children,1995): 'I lived for a short while in the former Yugoslavia. It's the only place where I've ever had a number one in the pop charts; it really hurt to see a place I loved so much disintegrate so quickly.'

'De Rong Song' and 'Walking Black Home' both appear in *Funky Chickens* (Penguin Books, 1996), while 'Another World' is a later version of 'Civil Lies' from *Talking Turkeys* (Penguin Books, 1994): 'The reason why some poems appear in both my adults and children's collections is because both groups seem to appreciate them in performance. I also believe that these are good examples of poems that transcend age groups.'

A musical version of 'Dry' is on the album *Back to Roots* (Acid Jazz Records, 1995). 'Belly of de Beast' is on *Belly of de Beast* (Ariwa Records, 1996). 'Want to be a Soldier' is on *Us an Dem* (Island Records, 1990). 'The Curse of Count Empire' is a re-write of 'Empire', a duet originally performed with Sinéad O'Connor on the Bomb the Bass album *Clear* (Island Records, 1995).

Too Black, Too Strong (Bloodaxe Books, 2001)

'In February 2000 I started a residency at Tooks Barristers' chambers in London. The residency was sponsored by The Poetry Society and although it was officially scheduled to run for 48 days I lost count of the days but spread my time there over a year. Poems in this book written during that period and inspired by the residency are: 'To Ricky Reel', 'To Michael Menser' [sic: its title corrected in *Dis Poetry* to 'To Michael Menson'], 'Having a Word', 'Appeal Dismissed', 'Chant of a Homesick Nigga', 'I Neva Shot De Sheriff', 'Adultery', 'Two Dozen Babylon', 'Knowing Me', 'Derry Sunday', and 'The One Minutes Of Silence'. Other poems from that residency not included here were written for performance only. I would like to thank The Poetry Society for thinking up such an interesting residency and for putting up with my unorthodox approach to it, and everyone at Tooks who made me so welcome and managed to endure a year of me following them to court, questioning them, and loitering with intent. The administrators, the barristers, the clients, all helped to make my time with them the best term I have ever served.'

'With one or two exceptions the poems in this collection were written between the years 1997 and 2000. I have also included poems that started life as commissions: 'What If' was originally commissioned by BBC Television, 'What Stephen Lawrence Has Taught Us' by Independent Television News (ITN) for Channel Four News (and afterwards printed in *The Guardian*), 'Carnival Days' by the Post Office, 'The London Breed' by The Museum of London, and 'Heroes' is one of three poems commissioned by Sheffield City Council and carved into buildings in Rockingham Street in the city centre.'

'To Do Wid Me': 'This rant was created for performance and for a long time I insisted that it should never be written down or published. But at my performances I began to receive so many requests for copies that I have been forced to change my mind.

'Nu Blue Shoes': 'A reggae lyric originally recorded with music with the band Back to Base in 1999.'

'Do Something Illegal': 'A dance lyric originally recorded with music with Swayzak in 1999.'

Naked (One Little Indian, 2004)

The album *Naked* was produced with arrangements by Trevor Morais; all tracks published by Red Dread Music/Spanish House Ltd ('Our Fathers' also with Warner Chappell). The CD had sleeve images by Banksy/Steve Lazarides. The title track 'Naked' and 'Homesick' (as 'Chant of a Homesick Nigga') were printed in *Too Black, Too Strong*, and are included in that section of this book. Four other tracks featured in Beta Brothers videos were included in *To Do Wid Me* ('Touch', 'Rong Radio Station', 'Responsible' and 'Genetics') and their lyrics are included in that section of this book.

The lyrics from *Naked* included in *Dis Poetry* are the published sleeve lyrics and differ in many places from how BZ performed those pieces with music in Trevor Morais's production, often becoming looser improvisations in performance. Both lyrics and music were changed substantially in *Benjamin Zephaniah Vs. Rodney P: Naked & Mixed Up* (2006) which repeated only four out of the eleven tracks on *Naked* (2004), with additional dub, ambient and instrumental versions in a hip hop collaboration with The Landscapers (Rodney P [Rodney Karl Panton Edwards] and Corin Pennington).

To Do Wid Me (Bloodaxe Books, 2013)
To Do Wid Me: Benjamin Zephaniah Filmed Live & Direct is a feature-length film portrait of BZ by Pamela Robertson-Pearce, drawing on live performances and informal interviews. It was released on DVD by Bloodaxe Books in 2013, with – as a bonus feature – four music videos made by BZ with the Beta Brothers. The DVD was issued with an accompanying book including the texts of all 18 poems and music lyrics performed in full in the film plus the lyrics of four others from the Beta Brothers videos. All but six were from BZ's published poetry collections or from the album *Naked* and are included either in those sections of *Dis Poetry* or in his children's poetry collections *Talking Turkeys, Funky Chickens* or *Wicked World*. The other six are from his albums *Belly of De Beast* (Ariwa Music, 1996) and *Naked* (One Little Indian, 2004) and those lyrics are included in this section. To watch *To Do Wid Me*, scan the QR code on page 10.

Revolutionary Minds (Red Dread Music, 2017)
Revolutionary Minds was BZ's last album, featuring his lyrics with music by Corin Pennington, and with Nicole Justice on 'Hot Like Jamaica', with Logic on 'I Am a Revolutionary', and with Eva Abraham on 'You Dream'. The italicised Howard Zinn quotation in 'Revolutionary Minds' is from 'The Problem Is Civil Obedience' (1970) from *A People's History of the United States* by Howard Zinn, intr. Anthony Arnove (Seven Stories Press), from a recording made by Matt Damon. Italicised choruses include backing vocals by Amy True on 'Earth Liberation Sound' and 'President', by Amy True and Keziah Powell on 'Revolutionary Minds', and by Jin Yongli on 'Cool Down'. *Revolutionary Minds* also includes 'More Animal Writes' from *Propa Propaganda* and 'What Stephen Lawrence Has Taught Us' from *Too Black, Too Strong*, along with musical tracks and interludes.

Uncollected Poems & Lyrics

The poems and lyrics in this section are believed to be previously unpublished and unrecorded, apart from 'Tam Lyn (retold)', BZ's version of the traditional folk tale 'Tam Lyn' from *The Imagined Village* collaboration with Afro Celt Sound System's Simon Emmerson and fellow musicians, released on Peter Gabriel's Realworld label in 2007 (B000T4F0J8). Italicised lines are Eliza Carthy's background vocals, taken from the traditional song 'The Good Old Way'. For video go to: https://www.youtube.com/watch?v=7bIvFg5fXUM&

GLOSSARY OF NAMES

Rolan Adams (207): 15-year-old Black British school student subjected with his younger brother to a racist attack by a gang of far-right extremists at a bus stop in Thamesmead, south-east London, in February 1991. Rolan was stabbed in the neck with a butterfly knife. Mark Thornborrow was the only gang member found guilty of his murder and sentenced to life imprisonment. Two years later Stephen Lawrence (q.v.) was murdered in a similar gang attack after school at a bus stop nearby in south-east London.

Christopher Alder, 1960–98 (207): Hull-born Black British man of Nigerian descent who served in the Parachute Regiment for six years and was taking a college course in computer skills when he was 'unlawfully killed' in April 1998. He died in police custody at a police station in Hull, possibly from injuries sustained in a fight outside a night club earlier that evening, after racist officers who treated him roughly interpreted his dazed condition as drunken behaviour rather than breathing difficulties and the effects of a blood clot on the brain.

Akhtar Ali Baig (206): 29-year-old Queen Mary College student of Pakistani origin who was stabbed in the heart in front of hundreds of people in High Street North, East Ham, London, when set upon by a gang of skinheads in July 1980. Two youths with Nazi and National Front affiliations, James Parker and Paul Mullery, were found guilty of his murder, which police had earlier maintained was not racist but simply a mugging.

Steve Biko, 1946–77 (101, 204): South African anti-apartheid activist beaten to death by state security officers while being held in prison.

Paul Condon, *b.* 1947 (160): Commissioner of the Metropolitan Police from 1993 to 1999 when the Stephen Lawrence case was mishandled and the Macpherson Report found the Metropolitan Police to be 'institutionally racist'. He was knighted in 1994 and made a life peer in 2001.

Brian Douglas (207): 34-year-old Afro-Caribbean music promoter who was stopped and beaten by police in Clapham, south London, in May 1995. He died in hospital five days later from a brain haemorrhage caused by head injuries including a fractured skull from being hit with a baton after being held for 14 hours in a police cell without any medical supervision. The two arresting officers did not face any charges because there was 'insufficient evidence' to secure a conviction.

Joy Gardner, 1953–93 (86, 206): Jamaican mature student living in London and awaiting the response to her appeal against deportation who died in August 1993 after police used excessive force to detain her and her five-year-old son. The arresting officers were cleared or found not guilty of manslaughter in 1995.

Marcus Garvey, 1887–1940 (14, 18, 96): Jamaican political activist, Black nationalist and Pan-Africanist, founder and first President-General of the Universal Negro Improvement Association and African Communities League (UNIA-ACL, or UNIA), who organised the first important American Black nationalist movement (1919–26), based in Harlem, New York City.

Eddy Grant, *b.* 1948 (25): Guyanese-British musician who was a founding member of The Equals, one of the few racially mixed pop groups during the 1960s.

Oluwashijibomi 'Shiji' Lapite (207): Nigerian asylum seeker who was 'unlawfully killed' in Stoke Newington, London, in December 1994 after a struggle with plain clothes police officers. No police were charged despite one admitting kicking Shiji Lapite twice in the head before he died in the back of a police van from asphyxiation after being held in a neck-hold.

Stephen Lawrence, 1974–93 (160, 207): London-born Black British school student murdered in an unprovoked racially motivated attack by a group of white youths at a bus stop in Eltham, south-east London, in April 1993. After the initial police investigation, five suspects were arrested but not convicted. A public inquiry into the mishandling of Stephen's case was held in 1998, leading to the publication of the Macpherson Report, 'one of the most important moments in the modern history of criminal justice in Britain', which found that the original investigation had been incompetent and that the Metropolitan Police Force was 'institutionally racist'. Two of the original suspects, Gary Dobson and David Norris, were later found guilty of the murder in 2012 in the light of new evidence including the behaviour of corrupt officers.

BZ supported the Lawrence family in their fight for justice, writing his poem 'What Stephen Lawrence Has Taught Us' in 1999 for Channel Four News to help drive the search to identify Stephen's killers. For a long time, he said in an interview, 'nobody was charged for this murder but we knew who the killers were... For reasons of legal technicality they couldn't be brought to justice. Eventually, some of them were and at the time of this recording some of them are in prisons, but we still believe that some of them are walking the streets, free.'

Marcia Zena Laws (206): 24-year-old beauty therapist and mother of two who was raped and brutally murdered by a police informer in her flat in Camberwell, south London, in April 1995. Delroy Denton, a Jamaican gangster paid by the Metropolitan Police to infiltrate Yardie gangs, was sentenced to life imprisonment for her killing in 1996. In 2002 her family sued the Home Office and Metropolitan Police for malfeasance and negligence respectively: endangering public safety by protecting and employing an illegal immigrant with a known history of violent crime. The lawyer who took up their case was Sadiq Khan, who went on to be elected as a Labour MP in 2005, becoming Mayor of London from 2016.

Lion of Judah: *see* Haile Selassie I.

Luther (14): **Dr Martin Luther King, Jr**, 1929–68, American civil rights leader, Baptist minister and political philosopher, whose assassination sparked race riots across America.

Tam Lyn (267): Character in a Scottish border ballad (16th century or earlier, also called 'Tam Lin') who rescues his true love from the Queen of the Faeries – who has imprisoned him – by holding her through various transformations, freeing himself from the spell by doing so. BZ's updated version of the ballad is itself transformative.

Nelson Mandela, 1918–2013 (100): Anti-apartheid activist and politician who served as the first president of South Africa from 1994 to 1999. Imprisoned as a terrorist from 1964 until his eventual release in 1990, Mandela was held for 18 years on Robben Island, where he heard the musical tribute to him which BZ recorded with the Wailers. Their later meetings led to BZ working with children in South African townships and hosting the President's Two Nations Concert at London's Royal Albert Hall in 1996.

Alton Manning (206): 33-year-old Black British man who was 'unlawfully killed' in December 1995 whilst being admitted to HMP Blakehurst in Worcestershire. Refusing to squat for an anal and genital examination, he was thrown to the ground face down before being held in a neck hold and died of asphyxia. Seven officers were suspended but none was charged with his killing.

John Major, *b.* 1943 (107): Conservative Prime Minister of the UK who unseated Margaret Thatcher in 1990 and was in turn pushed out by Tony Blair in 1997. BZ's poem 'Back to What' ridicules Major's 'Back to Basics' campaign espousing traditional, socially conservative values which backfired when his party came to be associated more with sleaze and corruption.

Bob Marley, 1945–81 (112, 157): Legendary Jamaican Reggae musician. BZ was the first person to record with Marley's band the Wailers after his death.

Michael Menson (24, 206): 29-year-old Black musician murdered by being set on fire in a London phone box in January 1997. BZ's poem 'To Michael Menson' (24) was originally published with the incorrect title 'To Michael Menser'. In another BZ poem, 'The One Minutes of Silence' (207), he was correctly named as Michael Menson.

Oscar Okoye (206): Black British diabetic man who went into a coma after being arrested by police in June 1996 in Streatham, London, on suspicion of being drunk. After an operation four days later to remove a frontal haematoma, he remained in hospital until his death, allegedly from natural causes, in November 1996.

Manish Patel (207): 15-year-old school student kicked to death by two classmates after getting off a bus in Harrow, north-west London, in July 1997. Police originally regarded his killing as racially motivated but later described the attack as a case of bullying. One 16-year-old was cleared of murder but given eight years for manslaughter while his 17-year-old companion was given 3½ years for assault.

Blair Peach, 1946–79 (15, 206): New Zealand schoolteacher killed during an anti-racism demonstration in Southhall, London, in April 1979, after being struck on the head by a member of the Metropolitan Police's since disbanded Special Patrol Group. The coroner's verdict of death by misadventure was challenged by family and friends who had to wait until 2009 for an official apology from the Commissioner of the Metropolitan Police, but there was said to be insufficient evidence to charge his police killer.

Ana Pereira (158): **Ana Maria Pessoa Pereira da Silva Pinto**, *b.*1956: East Timorese politician and former activist exiled to Mozambique during the years of Indonesian occupation.

Lahkvinder 'Ricky' Reel (162, 207): 20-year-old Brunel University student found dead in the river at Kingston-upon-Thames in October 1997 shortly after being subjected with friends to a racist attack. A mishandled Metropolitan Police investigation concluded that his death was accidental, but his mother has campaigned for many years to seek justice in the belief that her son was murdered. The family were represented by Michael Mansfield, QC, during the period of BZ's residency at Tooks Barristers' chambers.

Colin Roach (23, 206): 21-year-old Black British man who went to Stoke Newington police station in London in January 1983 to answer allegations of theft only to die in the foyer when a sawn-off shotgun barrel was placed in his mouth and the gun fired. An inquest ruled that his death was suicide amid allegations of a police cover-up. His death was the subject of Sinéad O'Connor's song 'Black Boys on Mopeds'.

Raphael Rowe, Michael Davis and **Randolph Egbert,** *aka* The M25 Three (196): Three Black British men wrongfully convicted in 1990 for a murder and robberies committed around the M25 motorway on a night in December 1988 who remained in prison until their sentences were overturned in 2000.

Ken Saro-Wiwa, 1941–95 (137): Nigerian writer and environmental activist who fought for ecological and social justice for the Ogoni people of the Niger Delta, accusing the oil companies and the Nigerian government of waging an ecological war against the Ogoni which threatened their survival. Falsely charged with murder, he was executed with eight other activists in 1995, prompting Nigeria's suspension from the Commonwealth.

Haile Selassie I, 1892–1975 (20, 112): Emperor of Ethiopia, 1930–75, lionised by Rastafarians as Jesus Christ returned, the Messiah and God incarnate.

Kenneth Severin (207): A young mentally ill man who died while being forcibly restrained by warders in Belmarsh prison in 1995, at the time the seventh black prisoner to die in this way in UK prisons. Another of those was Alton Manning (q.v.)

Michael 'Mikey' Smith, 1954–83 (14): Jamaican dub poet with left-anarchist leanings and Rastafarian sympathies who was stoned to death by four men at Stony Hill, St Andrew, Jamaica, during the 1983 election campaign after he had heckled the Jamaican Minister of Culture at a political rally. His attackers were alleged to be associated with the right-wing Jamaica Labour Party (JLP). When they stopped him in the street, he told them: 'I-man free to walk anywhere in this land.' His album *Me Cyaan Believe It*, produced by Dennis Bovell and Linton Kwesi Johnson, was released by Island Records in 1982. His only book, *It A Come*, was published by Race Today in 1986.

Malcolm X, 1925–65 (163, 183): African American revolutionary, Muslim minister and a prominent human rights activist during the civil rights movement until his assassination in 1965.

Howard Zinn, 1922–2010 (251): American historian and philosopher, author of the influential *A People's History of the United States* (1980).

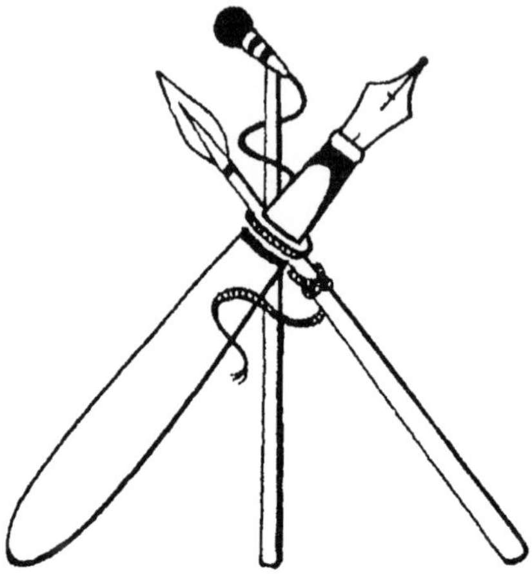

EU DECLARATION OF GPSR CONFORMITY

Books published by Bloodaxe Books are identified by the EAN/ISBN printed above our address on the copyright page and manufactured by the printer whose address is noted below. This declaration of conformity is issued under the sole responsibility of the publisher, the object of declaration being each individual book produced in conformity with the relevant EU harmonisation legislation with no known hazards or warnings, and is made on behalf of Bloodaxe Books Ltd on 15 April 2025 by Neil Astley, Managing Director, editor@bloodaxebooks.com.